🔼 석가모니불 금동여래상(군산 성흥사 소재)

↑ 구층보탑(군산 성흥사 소재)

힘의 원천 빠르게 배우는

법화경핵심사상

(법문자료집)

송월스님 編著

관음출판사

힘의 원천 빠르게 배우는

법화경핵심사상
(법문자료집)

【 차례 】

부록편

【 머릿글 】

  법화경은 7권 28품이 전부 69,384자로 구성 되었다. 글자 한자 한자가 모두 부처님이라 하며, 한 글자 한 글자 사경할 때는 한 글자를 쓸때마다 절을 세 번씩 하게 되어 있다. 특히 이 법화경 원리만 잘 이해하면 정치도 잘하고, 경제, 사회, 종교, 군사 등의 모든 것이 다 법화경에서 나왔다는 말이다. 일찍히 인도에 용수보살 같은 분은 법화경이 이 세상에서 최고 최대의 보배로운 경이다 라고 극찬을 하였다. 서양에서도 번역 출판이 많았으며, 특히 인도, 중국, 한국, 일본에서 많이 읽고 쓰며, 신약성서에서도 인용되어 있음을 알수 있다,

  (법화경과신약성서. 예수의마지막오딧세이를 읽어보라),

  법화경은 오늘날 발달된 물질문명 속에 불확실성의 시대를 살아가는 '아플수도 없는 마음'의 애환, 아픔, 슬픔등을 대변해주고 어린이나 어른이나 직장에서나 가정에서나의 노고를 대변 해주고 있다. 세계적인 불황경제의 현실에서 전쟁과 살상과 기아, 스트레스와 질병, 미래에 대한 불안과 공포에 살아가는 생명들에게 어떻게 살아가는 것이 참다운

것이가를 명확하게 밝혀준다. 생명의 말씀으로 생명의 빛으로 허공에 가득하다. 법화경의 불가사의한 신통력은 말로는 표현하기 어렵다. 일상 생활에서 매일 옮겨 써보라. 반듯이 부처님의 상서로운 수기를 체험하리라.

　=관음출판사 대표 소광호거사님 고생하셨습니다=

모든 죄는 짓지 말고 선한 일을 많이 행하여라
그 의식은 스스로 맑아지니 이것이 모든 부처의 가르침이라.
(칠불통게)

세상 곳곳마다 허공처럼 계시며
연꽃이 물에 젖지 않는 것 같이
청정한 마음은 대상을 초월하신
위없이 거룩하신 님께 절하옵니다.

불기 2557(2013)년 12월 부처님 성도재일

군산 성흥사 (063)453-0050

송월 법원 합장

세상은 불타고 있다
(三界無安猶如火宅)

이 세상은 마치 불타고 있는 집과 같아

조금도 편안치 못한 곳이니

온갖 괴로움 가득 차 있어

매우 두려울 따름이다.

항상 삶에 대한 괴로움, 늙음에 대한 슬픔,

병에 대한 근심, 죽음에 대한 걱정 등이

솟구치는 불길 같이 맹렬히 타오르며

그 칠줄 모른다.

여래인 나는 일찍이

이 미혹의 세계를 벗어나

세상의 번거로운 일에 영향받지 않는

경지에 머물고 보니

지금 이 세상은

모두 나의 것이며

그 안에 살고 있는 사람은

모두 나의 자식들인데

지금 이곳은

갖가지 환난이 많아

오직 나 만이

그들을 구하고 지켜 줄수 있다

(비유품)

삼 보 예 경
(매일 큰소리로 읽는다)

- 지심귀명례 구원실성 사생자부 시아본사 석가모니불(절)
- 지심귀명례 영산화상 증명법화 보정여래 다보여래불(절)
- 지심귀명례 법화경중 석가모니 시방분신 일체제불(절)
- 지심귀명례 시방삼세 제망찰해 상주일체 불타야중(절)
- 지심귀명례 시방삼세 제망찰해 상주일체 달마야중(절)
- 지심귀명례 일승원교 평등대혜 교보살법 불소호념

  실상 묘법연화경(절)
- 지심귀명례 본화 지용 창도지사 상행보살 무변행보살

  정행보살 안립행보살등 천 세계미진수 보살마하살(절)
- 지심귀명례 문수사리보살 보현보살 관세음보살 지장보살

  미륵보살 약왕보살등 적화 팔만항하사 제대 보살마하살(절)
- 지심귀명례 법화경중 사리불등 십대제자 십육성 오백성

  독수성 내지 천이백 제대 아라한 무량 자비성중(절)

- 지심귀명례 불법장전 제대존자 용수보살 천태지자대사
  묘락대사 일체정사 제대선지식(절)
- 지심귀명례 해동불국 현광대사 낭지법사 파야대사
  제관법사 의천대각국사 춘명법사 일체정사 제대선지식(절)
- 지심귀명례 시방삼세 제망찰해 상주일체 승가야중(절)

  유원 무진 삼보 대자대비 수아정례 명훈가피력 원공법계
  제중생 자타일시 성불도(반배)

※ 삼보예경후 합장하고 지긋이 눈을 감는다
  "나무삿다르마 뿐다리이카 수트라"를 30분이상 소리
  내어 암송하라 반듯이 자기의 암송소리를 귀로 들어야
  한다.

우리말 천수경
(매일 매일 큰소리로 독경한다)

*입으로 지은 죄를 깨끗이 하는 진언

수리 수리 마하 수리 수수리 사바하(3번)

*오방의 모든 신을 안위하는 진언

나무 사만다 못다남 옴 도로도로 지미 사바하(3번)

*경전을 찬탄하는 노래

더 위없이 높고 깊은 부처님법 묘한 진리

백천만겁 지내어도 만나뵙기 어려워라

제가 이제 듣고 보고 마음에 두어 외우니

부처님의 참다운 뜻 사무쳐 깨달아 지이다

*법장을 여는 진언
옴 아라남 아라다 (3번)

천의 손과 천의 눈으로 중생을 구제하시는
관자재보살님의 광대하고 원만하고
걸림 없는 자비의 다라니를 청합니다
관음보살 대비주께 머리숙여 절하옵나니
위대하신 원력으로 거룩한 상 갖추 옵시고
일천팔로 온 누리를 보호하여 거두으며
일천눈의 광명으로 중생을 살피오시며
진실하온 말씀으로 비밀한 뜻 베프옵고
하염없는 마음으로 자비심을 펴시나이다
온갖 소원 빨리 빨리 모두 다 이루오며
저희들의 모든 죄업을 깨끗하게 씻어지이다
천룡팔부 성중들도 저희들을 보살피어
백천가지 온갖 삼매에 한꺼번에 닦아지이다
대비주를 지닌이몸 큰광명의 깃발이며
대비주를 지닌마음 큰신통의 집이오니

세상번뇌 씻어내고 생사고해 어서건너
깨달음의 방편문을 증득하게 하여지이다
제가이제 외우오며 귀의하길 원하옵나니
바라는일 마음따라 모두모두 이루어지이다
대자대비 관세음께 귀의하여 비옵나니
이 세상의 온갖 진리 어서 빨리 깨달아지이다
대자대비 관세음께 귀의하여 비옵나니
진리의 칼 법문을 어서 빨리 얻어지이다
대자대비 관세음보살님께 귀의하여 비옵나니
한량없는 고해의 중생 어서 빨리 건져지이다
대자대비 관세음께 귀의하여 비옵나니
전지전능 묘한 방편 어서 빨리 얻어지이다
대자대비 관세음께 귀의하여 비옵나니
깨달음의 지혜 배에 어서 빨리 올라지이다
대자대비 관세음께 귀의하여 비옵나니
생사세계 괴로움 바다 어서 빨리 건너지이다
대자대비 관세음께 귀의하여 비옵나니
계를 지키고 선정닦음 빨리 빨리 이뤄지이다

대자대비 관세음께 귀의하여 비옵나니
생사없는 열반 산에 어서 빨리 올라지이다
대자대비 관세음께 귀의하여 비옵나니
하염없는 진리의 집 어서 빨리 드러나지이다
대자대비 관세음께 귀의하여 비옵나니
진리의 몸 여래의 몸 어서 빨리 얻어지이다
칼산지옥 제가 갈제 칼산 절로 무너지고
화탕지옥 제가 갈제 화탕 절로 말라지며
지옥세계 제가 갈제 지옥 절로 소멸되고
아귀세계 제가 갈제 아귀 절로 배부르고
수라세계 제가 갈제 악한 마음 조복되며
축생세계 제가 갈제 슬기 절로 생기이다
관세음보살 마하살님께 귀의합니다
대세지보살 마하살님께 귀의합니다
천수보살 마하살님께 귀의합니다
여의륜보살 마하살님께 귀의합니다
대륜보살 마하살님께 귀의합니다
관자재보살 마하살님께 귀의합니다

정취보살 마하살님께 귀의합니다
만월보살 마하살님께 귀의합니다
수월보살 마하살님께 귀의합니다
군다리보살 마하살님께 귀의합니다
십일면보살 마하살님께 귀의합니다
제대보살 마하살님께 귀의합니다
본사 아미타불님께 귀의합니다

*신통 미묘하다 큰 다라니 (신묘장구대다라니)

나모라 다나다라 야야 나막알약 바로기제 새바라야
모지 사다바야 마하 사다바야 마하가로 니가야 옴
살바 바예수 다라나 가라야 다사명 나막까리 다바
이맘알야 바로기제 새바라 다바 니라간타 나막하리
나야 마발다 이사미 살발타 사다남 수반아예염 살
바 보다남 바바마라 미수다감 다냐타 옴 아로게 아
로가 마지로가 지가란제 혜혜하례 마하모지 사다바
사마라 사마라 하리나야 구로구로 갈마 사다야 사
다야 도로도로 미연제 마하미연제 다라다라 다린나

례 새바라 자라자라 마라 미마라 아마라 몰제예 혜
혜로게 새바라 라아 미사미 나사야 나베 사미사미
나사야 모하자라 미사미 나사야 호로호로 마라호
로 하례 바나마 나바 사라사라 시리시리 소로소로
못쟈못쟈 모다야 모다야 매다리야 니라간타 가마
사 날사남 바라 하라나야 마낙 사바하 싯다야 사바
하 마하싯다야 사바하 싯다 유예 새바라야 사바하
니라간타야 사바하 바라하 목카싱하 목카야 사바하
바나마 하따야 사바하 자가라 욕다야 사바하 상카
섭나네 모다나야 사바하 마하라 구타다라야 사바하
바마사간타 이사시체다 가릿나 이나야 사바하 마가
라 잘마 이바 사나야 사바하. "나모라 다나다라 야
야 나막알야 바로기제 새바라야 사바하" (3번)

＊사방을 찬탄 합니다
첫째 동방을 씻추오니 망상없이 온도량이 청정하고
둘째 남방를 씻추오니 열뇌식어 마음에는 걸림없고
셋째 서방을 씻추오니 탐욕없어 불국정토 이루옵고

넷째 북방을 씻추오니 애욕없어 길이평안 하여지다

*도량을 찬탄 합니다
온 도량이 청정하여 더러움이 없사오니
삼보님과 청룡님께서 어서 이곳에 강림하소서
제가 이제 묘한 진언 지성으로 외우오니
저희들을 대자대비로 은밀하게 수호 살펴 주옵소서

*악업을 참회 합니다
아득히 먼 그 옛부터 제가 지은 모든 악업 참회하고
화를 내고 어리석은 때문이오니
몸과 입과 생각으로 지어왔기 때문이오니
모든 것을 남김없이 제가 이제 참회하옵니다
남에게 지은 신세와 허물을 뉘우치오며 참회 하옵
니다

*참죄업장 12존불게 귀의합니다

참제업장보승장불   보광왕화렴조불

일체향화자재력왕불

백억항하사결정불   진위덕불

금강견강소복괴산불

보광월전묘음존왕불   환희장마니보적불

무진향승왕불

사자월불   환희장엄주왕불

제보당마니승광불

*10악 참회을 합니다

살생한 죄업을 오늘 참회합니다

도둑질한 죄업을 오늘 참회합니다

사음하던 죄업을 오늘 참회합니다

거짓말한 죄업을 오늘 참회합니다

발림말한 죄업을 오늘 참회합니다

이간질한 죄업을 오늘 참회합니다

나쁜말한 죄업을 오늘 참회합니다

탐애하여 지은 죄업을 오늘 참회합니다
성을내어 지은 죄업을 오늘 참회합니다
어리석어 지은 죄업을 오늘 참회합니다
백겁을 두고 쌓은 죄업을 한 생각에 모두
없어지듯 불을 불태우듯 남김없이 없어지이다
죄의 자성 본래 없고 그 마음 사라지면
마음에서 일어난 그 죄업 또한 없어지이다
죄와 생각 흔적없이 모두가 텅빈 것을
이름하여 참회라 하나이다

*죄업을 참회하는 진언
옴 살바 못자모지 사다야 사바하(3번)

준제주의 크신 공덕 고요히 늘 외우면
그 아무리 어려움도 침노하지 못하오리다
하늘이나 사람이나 부처님 복 받으오며
이 여의주 만나는 이는 가장 높고 큰 법 얻나이다
칠구지불모대준제보살님께 귀의합니다

*법계를 깨끗하게 하는 진언 옴 남(3번)

몸을 보호하는 진언 옴치림(3번)

관세음보살 본심 미묘 6자 광명진언

옴 마니반메훔(3번)

준제보살진언 나무 사다남 삼먁 삼못다 구치남 다
나타

옴 자례 주례 준제 사바하 부림 (3번)

제가 이제 대준제주를 지성으로 외우옵고

크고 밝은 보리심에 광대한 원 세우오니

선정과 지혜가 어서 어서 둥글게 밝아지이다

온갖 공덕 모두다 제가 이제 외우오며

거룩한 복덕을 두루 장엄하옵고

온 중생들과 함께 불도를 이루어지이다

*여래십대발원문

원하오니 저희들이 삼악도를 여의게 하소서

원하오니 저희들이 탐진치를 끊게 하소서

원하오니 저희들이 불법을 항상 듣게 하소서

원하오니 저희들이 계정혜를 닦게 하소서

원하오니 저희들이 부처님 뵈옵게 하소서

원하오니 저희들이 깨달음에서 물러나지 않게하
소서

원하오니 저희들이 극락세계에 태어나게 하소서

원하오니 저희들이 아미타 부처님을 뵙게 하소서

원하오니 저희들이 여러 모습으로 두루하게 하소서

원하오니 저희들이 중생을 제도하게 하소서

*네 가지 큰 원

중생이 수없지만 기어코 다 건지오리다

번뇌가 끝없지만 기어이 다 끊으오리다

법문이 한없지만 기어이 다 배우오리다

불도가 드높지만 기어이 다 이루오리다

마음의 중생부터 맹세코 건지오리다

마음의 번뇌부터 맹세코 끊으오리다

마음의 법문부터 맹세코 배우오리다

마음의 불도부터 맹세코 이루오리다

*발원이 귀명례삼보

온 세상에 늘 계신 부처님께 귀의 합니다

온 세상에 늘 계신 법보님께 귀의 합니다

온 새상에 늘 계신 승보님께 귀의 합니다

 나무 영산회상 불보살 끝.

반 야 심 경
(불교의 호법신장들이 제일 좋아하는 경전이다)

반야바라밀다심경 관자재보살(信)이 깊은(行)반야
바라밀다(無相.無我)를 행할때(解)五蘊(육체.정신)이 모두
空함(텅빔)을 照見하여(證)온갖 괴로움과 액난(번뇌.재
앙)을 건지였느니라

사리자여, 色(집착)이 空(초월)과 다르지 않고, 空이
色과 다르지 않으며, 色이 곧 空이요, 空이 곧 色이
며, 受며, 想이며, 行이며, 識이니라.

사리자여, 이 경계(法)는 텅빈(空)모양(일체현상)도, 나
타(生)남도 사라짐(滅)도 없으며(永遠性), 더러움도 깨
끗함도 없으며(淸淨性), 늘어남(增)도 줄어듦(減)도(圓滿
性) 없느니라.

그러므로 空가운데는 色(집착)도 없고, 수(느낌).상
(기억).행(인식진행).식(분별력)도 없고, 안.이.비.설.신의
도 없고, 색.성.향.미.촉.법도 없고, 眼界와 耳界.鼻

界.舌界.身界와 意識界도 없으며, 無明(판단력)도 없고, 무명이 다함도 없으며, 늙음도 없고 죽음이 다함도 없으며, 늙음도 죽음도 없고 또한 늙음 죽음이 다함도 없으며(12인연법), 苦集滅道(사성제)도 없고, 지혜도 없으며 증득할 것도 없느니라(본래텅빔).

증득 할것이 없기 때문에 보살은 반야바라밀다(위없는 완성)에 의하여 마음에 장애가 없고 장애가(오욕락)없기에 두려움이 없어 전도된 몽상을 멀리 떠나 마침내 열반(바른소견세움)하나니, 삼세의 모든 부처님도 반야바라밀다에 의지하여 아뇩다라삼먁삼보리(正覺:부처님 큰지혜)를 증득하였느니라.

그러므로 반야바라밀다의 주문(眞言)은 큰 신주며(절대적), 크게 밝은 주문이며(一切廓通), 위없는 주문이며, 비교할 바 없는 주문이며, 능히 괴로움을 없에며, 진실하여 헛되지 않음을 알지어라.

그러므로 반야바라밀다의 주문을 설하나니, 주문을 이르대

"아제아제 바라아제 바 라 승아제 모지사바하"(3번)

법화경 약찬게
法 華 經　略 纂 偈
(영상 회상의 호법 선신들이 옹호함)

實相妙法蓮華經　寶藏菩薩略纂偈　南無娑婆世界海
실상묘법연화경　보장보살약찬게　남무사바세계해

王舍城中耆闍窟　常住不滅釋迦尊　十方三世一切佛
왕사성중기사굴　상주불멸석가존　시방삼세일체불

種種因緣方便道　恒轉一乘妙法輪　與比丘衆萬二千
종종인연방편도　항전일승묘법륜　여비구중만이천

漏盡自在阿羅漢　阿若憍陳大迦葉　優樓頻螺及伽耶
누진자재아라한　아야교진대가섭　우루빈나급가야

那提迦葉舍利弗　大目犍連迦旃延　阿㝹樓馱劫賓那
나제가섭사리불　대목건련가전연　아루누태겁빈나

憍梵波提離婆多　畢陵伽婆薄拘羅　摩訶拘絺羅難陀
교범바제이바다　필릉가바박구라　마가구치라난타

孫陀羅與富樓那　須菩提者與阿難　羅睺羅等大比丘
손타라여부루나　수보리자여아난　라후라등대비구

摩訶婆娑婆提及　羅睺羅母耶輸陀　比丘尼等二千人
마가바사바제급　라후라모야수다　비구니등이천인

摩訶薩中八萬人 文殊師利觀世音 得大勢與常精進
마하살중팔만인 문수사리관세음 득대세여상정진

不休息及寶掌士 藥王勇施及寶月 月光滿月大力人
불휴식급보장사 약왕용시급보월 월광만월대력인

無量力與越三界 跋陀婆羅彌勒尊 寶積導師諸菩薩
무량력여월삼계 발타바라미륵존 보적도사제보살

釋提桓因月天子 普香寶光四天王 自在天子大自在
석제환인월천자 보향보광사천왕 자재천자대자재

娑婆界主梵天王 尸棄大梵光明梵 難陀龍王跋難陀
사바계주범천왕 시기대범광명범 난타용왕발난타

娑伽羅王和修吉 德叉阿那婆達多 摩那斯龍優鉢羅
사가라왕화수길 덕차아나바달다 마나사용우발라

法緊那羅妙法王 大法緊那持法王 樂乾闥婆樂音王
법긴나라묘법왕 대법긴나지법왕 악건달바악음왕

美乾闥婆美音王 婆稚佉羅騫陀王 毗摩質多羅修羅
미건달바미음왕 바치거라건타왕 비마질다라수라

羅睺阿修羅王等 大德迦樓大身王 大滿迦樓如意王
라후아수라왕등 대덕가루대신왕 대만가루여의왕

韋提希子阿闍世 各與若干百千人 佛爲說經無量義
위제희자아사세 각여약간백천인 불위설경무량의

無量義處三昧中 天雨四花地六震 四衆八部人非人
무량의처삼매중 천우사화지육진 사중팔부인비인

及諸小王轉輪王 諸大衆得未曾有 歡喜合掌心觀佛
급제소왕전륜왕 제대중득미증유 환희합장심관불

佛放眉間白毫光　光照東方萬八千　下至阿鼻上阿迦
불방미간백호광　광조동방만팔천　하지아비상아가

衆生諸佛及菩薩　種種修行佛說法　涅槃起塔此悉見
중생제불급보살　종종수행불설법　열반기탑차실견

大衆疑念彌勒問　文殊師利爲決疑　我於過去見此瑞
대중의념미륵문　문수사리위결의　아어과거견차서

卽說妙法汝當知　時有日月燈明佛　爲說正法初中後
즉설묘법여당지　시유일월등명불　위설정법초중후

純一無雜梵行相　說應諦緣六度法　令得阿耨菩提智
순일무잡범행상　설응제연육도법　영득아욕보리지

如是二萬皆同名　最後八子爲法師　是時六瑞皆如是
여시이만개동명　최후팔자위법사　시시육서개여시

妙光菩薩求名尊　文殊彌勒豈異人　德藏堅滿大樂說
묘광보살구명존　문수미륵기이인　덕장견만대요설

智積上行無邊行　淨行菩薩安立行　常不輕士宿王華
지적상행무변행　정행보살안립행　상불경사숙왕화

一切衆生喜見人　妙音菩薩上行意　莊嚴王及華德士
일체중생희견인　묘음보살상행의　장엄왕급화덕사

無盡意與持地人　光照莊嚴藥王尊　藥上菩薩普賢尊
무진의여지지인　광조장엄약왕존　약상보살보현존

常隨三世十方佛　日月燈明燃燈佛　大通智勝如來佛
상수삼세시방불　일월등명연등불　대통지승여래불

阿閦不及須彌頂　師子音佛師子相　虛空住佛常滅佛
아축불급수미정　사자음불사자상　허공주불상멸불

帝相佛與梵相佛　阿彌陀佛度苦惱　多摩羅佛須彌相
제상불여범상불　아미타불도고뇌　다마라불수미상

雲自在燈淨明德　淨華宿王雲雷音　雲雷音宿王華智
운자재불자재왕　괴포외불다보불　위음왕불일월등

雲自在佛自在王　壞怖畏佛多寶佛　威音王佛日月燈
운자재등정명덕　정화숙왕운뢰음　운뢰음숙왕화지

寶威德上王如來　如是諸佛諸菩薩　已今當來說妙法
보위덕상왕여래　여시제불제보살　이금당래설묘법

於此法會與十方　常隨釋迦牟尼佛　雲集相從法會中
어차법회여시방　상수석가모니불　운집상종법회중

漸頓身子龍女等　一雨等澍諸樹草　序品方便譬喻品
점돈신자용녀등　일우등주제수초　서품방편비유품

信解藥草授記品　化城喻品五百弟　授學無學人記品
신해약초수기품　화성유품오백제　수학무학인기품

法師品與見寶塔　提婆達多與持品　安樂行品從地涌
법사품여견보탑　제바달다여지품　안락행품종지용

如來壽量分別功　隨喜功德法師功　常不輕品神力品
여래수량분별공　수희공덕법사공　상불경품신력품

囑累藥王本事品　妙音觀音普門品　陀羅尼品妙莊嚴
촉루약왕본사품　묘음관음보문품　다라니품묘장엄

普賢菩薩勸發品　二十八品圓滿教　是爲一乘妙法門
보현보살권발품　이십팔품원만교　시위일승묘법문

支品別偈皆具足　讀誦受持信解人　從佛口生佛衣覆
지품별게개구족　독송수지신해인　종불구생불의복

普賢菩薩來守護　魔鬼諸惱皆消除　不貪世間心意直
보현보살내수호　마귀제뇌개소제　불탐세간심의직

有正憶念有福德　忘失句偈令通利　不久當詣道場中
유정억념유복덕　망실구게영통리　불구당예도장중

得大菩提轉法輪　是故見者如敬佛　南無妙法蓮華經
득대보리전법륜　시고견자여경불　나무묘법연화경

靈山會上佛菩薩　一乘妙法蓮華經　寶藏菩薩略纂偈
영산회상불보살　일승묘법연화경　보장보살약찬게

관세음보살 멸 업장 진언
옴 아로녹게 사바하 (3번)

百劫積集罪 一念頓蕩罪 如火焚枯草 滅盡無有餘
백겁적집죄 일념돈탕죄 여화분고초 멸진무유여

救護身命 濟人苦厄 (○○○○○) 糊跪合掌
구호신명 제인고액 (이름 ○○○) 호궤합장

一心除患 衆惡消滅 六度齋修 無漏果圓 皆共成佛道
일심제환 중악소멸 육도재수 무루과원 개공성불도

南無 大慈大悲 救苦救難 觀世音菩薩
나무 대자대비 구고구난 관세음보살

生我解除 連星之厄 七千佛 救護人身 願得成就 一心除惡病
생아해제 연성지액 칠천불 구호인신 원득성취 일심제악병

南無 大慈大悲 救苦救難 觀世音菩薩.
나무 대자대비 구고구난 관세음보살.

從我解除 遊星之厄 七千佛 救護人身 體重 除惡却禍
생아해제 연성지액 칠천불 구호인신 체중 제악각화

南無 大慈大悲 救苦救難 觀世音菩薩.
나무 대자대비 구고구난 관세음보살.

養我解除 赤鼠之厄 七千佛 救護人身 還歸 三魂七魄
양아해제 적서지액 칠천불 구호인신 환귀 삼혼칠백

南無 大慈大悲 救苦救難 觀世音菩薩.
나무 대자대비 구고구난 관세음보살.

與我解除 天羅之厄 七千佛 保護人身 延年益壽 一百二十歲
여아해제 천라지액 칠천불 보호인신 연년익수 일백이십세

南無 大慈大悲 救苦救難 觀世音菩薩.
나무 대자대비 구고구난 관세음보살.

扶我解除 地網之厄 七千佛 守護人身 命厄度脫
부아해제 지망지액 칠천불 수호인신 명액도탈

南無 大慈大悲 救苦救難 觀世音菩薩.
나무 대자대비 구고구난 관세음보살.

爲我解除 官府 牢獄之厄 七千佛 守護人身 令其 枷鎖 自害
위아해제 관부 뇌옥지액 칠천불 수호인신 령기 가쇄 자해

南無 大慈大悲 救苦救難 觀世音菩薩
나무 대자대비 구고구난 관세음보살

從佛下生 爲我度除 或入天門 或入地戶 或入天羅 命宮算盡
종불하생 위아도제 혹입천문 혹입지호 혹입천라 명궁산진.

年殺之厄 月殺之厄 日殺之厄 時殺之厄 三災八難之厄 四百
년살지액 월살지액 일살지액 시살지액 삼재팔난지액 사백

四病病苦之厄 縣官非橫之厄 孤辰寡宿之厄 白虎血光之厄
사병병고지액 현관비횡지액 고진과숙지액 백호혈광지액

劫殺之厄 亡身之厄 敗亡之厄 元嗔之厄 紅艶桃花之厄 夫婦
겁살지액 망신지액 패망지액 원진지액 홍염도화지액 부부

不和之厄 夫婦生死離別之厄 無子女苦惱之厄 流血落胎之厄
불화지액 부부생사이별지액 무자녀고뇌지액 유혈낙태지액

子女凶禍之厄 家内哭聲之厄 喪門弔客 天哭地哭 悲痛之厄
자녀흉화지액 가내곡성지액 상문조객 천곡지곡 비통지액

官災口舌之厄 刑殺囚獄之厄 東西南北出入之厄 太歲將軍行
관재구설지액 형살수옥지액 동서사방출입지액 태세장군행

列之厄 平地高山落傷之厄 橫死之厄 天刃刀劍之厄 結項致
렬지액 평지고산낙상지액 횡사지액 천인도검지액 결항치

死之厄 事業失敗盜失之厄 無財貧賤之厄 不具短命之厄
사지액 사업실패도실지액 무재빈천지액 불구단명지액

非命橫死之厄 交通事故之厄 水中溺死之厄 火災死亡之厄
비명횡사지액 교통사고지액 수중익사지액 화재사망지액

天羅地網之厄 空亡之厄 年命入墓之厄 金樓之厄 船行步行
천라지망지액 공망지액 년명입묘지액 금루지액 성행보행

之厄 事業失敗之厄 宅中耗失之厄 或 入祠廟 非宗邪巧 共
지액 사업실패지액 택중모실징액 혹 입사묘 비종사교 공

相呪詛 靈魄 精神不安 身厄 令 百怪之厄 憑依魂神之厄
상주저 영혼 정신불안 신액 령 백괴지액 빙의혼신지액

或 被山都 六畜 作於百怪 今日 吉時 歸依諸佛 仰憑三寶
혹 피산도 육축 작어백괴 금일 길시 귀의제불 앙빙삼보

勝佛威神之力 念諸 凡夫 衆生 一切厄難 三災八難 一時
승불위신지력 념제 범부 중생 일체액난 삼재팔난 일시

消滅 所願成就 拔濟衆生 此逢經已 延於性命 唯願 冥司
소멸 소원성취 발제중생 차봉경이 연어생명 유원 명사

諸八識 入無量意三昧 身心不動 以是 普佛世界 六種震動
제팔식 입무량의삼매 신심부동 이시 보불세계 육종진동

同歡喜心 南無 妙法蓮華經
동환희심 나무 묘법연화경

매일 참회 축원문

지심으로 참회로써 원하옵나니,

저 법화행자 ○○○은 일체 중생과 더불어 시작도 없는 곳으로부터 오면서 함된 마음을 잃어버리고 미혹하여 생사에 돌고돌아 흘러왔음이라.

이에 보고, 듣고, 냄새맡고, 말하고, 행동하고, 의식활동하는 여섯 뿌리로 지은 죄장은 헤아릴 수 없어 가이 없사옵니다. 그리하여 부처님의 지혜가 열려져 이해함이 없으며 일체의 소원도 현전하거나 얻지를 못하였습니다.

저는 이제 묘법연화경에 공경히 예를 올리옵나니, 이러한 선근으로써 과거와 현재와 미래에서 몸과 입과 뜻으로 지은 바의 가없는 무거운 죄인 어두운 것과 악한 것을 드러내오니, 모두 다 소멸되어, 몸과 마음이 청정하고, 미혹함과 장애가 제거되어, 없어지고, 복덕과 지혜가 장엄되고, 깨끗한 인연이 증장하며, 저와 다른 이가 행하고 원하는 것이 원만하게 빨리 성취되어지이다.

지심으로 참회로서 원하옵나니,

여래께옵서는 항상 머무시어 법을 설하시옵소서. 제가 세세생생 나는 곳마다 묘법연화경에서 물러남이 없겠나이다. 구원실성 석가모니 부처님의 영원한 수명과 같아지고, 부처님들 일불승 설하심과 같아지며, 본화보살 적화보살 부처님 부촉을 받으시어 묘법연화경 널리 유포함과 같아져서, 시방세계 모든 곳에 몸을 나타내어 일체 중생 남음없이 성불케 하오리, 저의 모습 보는 이는 무명업장 소멸 소멸되고 저의 모습 보는자 부처님의 지혜 얻으소서,

이와 같이 무량겁을 항상 교화하여 마침내 중생이란 이름조차 없게 하소서.

지심으로 참회로서 원하옵나니,

상세 선망 사존 부모형제 육친권속 모든 영가등,

일체 인연된 애혼불자 영가 등, 철위산간 5무간지옥 수고함령, 시방법계 일체 25유 함령식등에게 묘법연화경의 위신력으로 보리도를 증득하여 이고득락 후생선처 무생법인 즉신성불 광도중생 하여지다.

또한 일체에 있는 바의 모든 공덕에 따라 기뻐하는 마음을 일으키오며, 그리고 저에게 있는 모든 공덕을 보리도에 회향하여 항상하고 즐거움의 열매를 증득하게 하시옵고, 저의 목숨이 마치는 날에는 정념이 현전하여 석가 세존과 그리고 권속인 모든 성스러운 대중을 친견하고 받들어 일 찰라 사이에 연꽃가운데 나게 하여 주옵소서.

널리 원하옵나니, 중생이 다 부처님의 도를 갖추어 성불하여지이다. 나무 묘법연화경(합장 절)

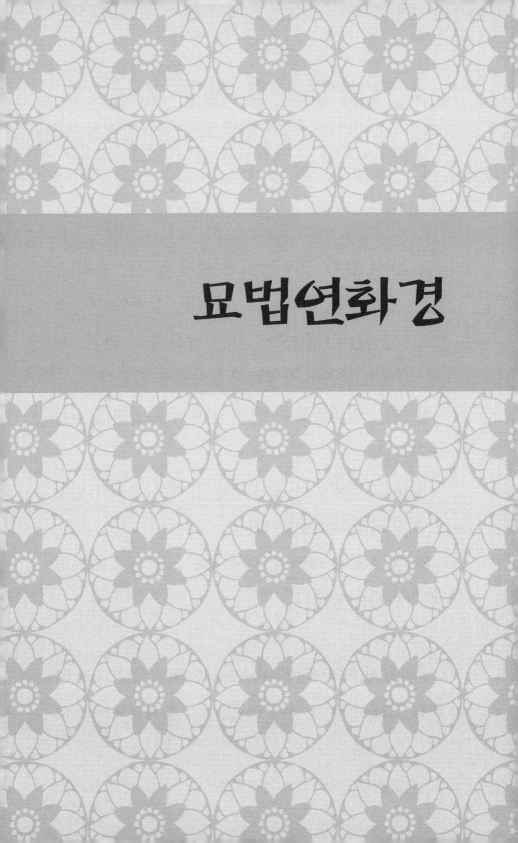

묘법연화경

=묘법연화경 본문 28품=

묘(妙) : 알기 쉽게 말하면 쉽지 않다는 뜻이다. 질서 정연하고, 극치이며, 대우주, 삼라만상이 스스로 상의상주(相依常住)하는 법칙이며, 과거, 현제, 미래가 원만히 장엄하게 돌아감을 말한다.

법(法) : 인과법칙을 인데, 신묘한 교법과 진리를 말한다.

연(蓮) : 열매로서 꽃이 피면서 열리는 것이 연꽃으로 인과의 결과를 말한다.

화(華) : 꽃을 말하며, 매사 원인을 말하고 화려하게 장엄됨을 말한다.

연꽃을 법화경에 비유하는 것은 연은 때가 묻지 않는다. 그러므로 중생이 탐.진.치의 오탁악세에 산다고 하여도, 또 도둑질, 살인등의 모든 악한 짓을 하고 살아간다고 하여도 반듯이 그 속에 있는 불성, 곧 본질은 연 속에 있는 열매나 꽃같이 조금도 손상되는 것이 없다는 것이다. 그러면서도 인연이 있으면 10년, 100년 뒤에도 연꽃이 피듯이 우리의 자성에 불성은 인연에 따라서 성불의 꽃을 피우게 된다는 뜻이다.

나무 삿 다르마 뿐다리이카 수트라(3번)

묘법연화경 서품 제 1요지

　이와 같이 저는 들었사오니, 한 때에 부처님께옵서 왕사성 기사굴산 중에 머무시어 큰 비구 무리 만 이천 사람과 더불어 함께 하셨으니, 이는 모두 아라한이라 모든 새는 것이 이미 다하여 다시 번뇌가 없으며 자기의 이익을 얻음에 미치니 모든 매듭 지어 있는 것이 다하여 마음이 마음대로 됨을 얻었소이다.

　그들 이름이 아야교진여와 마하가섭과 우루빈나가섭과 가야가섭과 나제가섭과 사리불과 대-목건련과 마하가전연과 아누루다와 겁빈나와 교범바제와 이바다와 필능가바차와 박구라와 마하구치라와 난타와 손타라난타와 부르나-미다라니자와 수보리와 아난과 라후라이니, 이와 같이 많은 이가 아는 바의 아라한들 이었소이다.

　또 배움에 있는 이와 배울 것이 없는 이천 사람이 있었으며, 마하파사파제 비구니는 거느린 무리 육천 사람과 더불어 함께 하였으며, 라후라의 어머니 야수다라 비구니도 또한 거느린 무리와 더불어 함께 하였소이다.

　보살마하살 팔만 사람께서는 모두 위없이 높고 바르며 크고도 넓으며 평등한 깨달음에서 돌아서서 물러나지 아니하시며, 모두 다라니와 하고자 하는 대로 말 잘하는 재주를 얻으시어 돌아서서 물러나지 아니하는 법륜을 굴리시며 헤아릴수 없는 백천의 모든 부처님께 공양하시어 모든 부처님의 거처에서 많은 덕의 근본을 심으시어 항상 모든 부처님께옵서 칭찬하시는 바가 되시었으며, 사랑으로 몸을 닦음으로써 부처님 지혜에 잘 드시며 큰 지혜를 통달하시어 저 언덕에 이르르시니 이름 일컬음이 널리 헤아릴 수 없는 세계에 들리어 능히 수 없는 백천 중생을 제도 하셨소이다.

　그 이름은 가로되 문수사리보살이시며 관세음보살이며 득대세지보살이시며 상정진보살이시며 불휴식보살이시며 보장보살이시며 약왕보살이시며 용시보살이시며 보월보살이시며 월광보살이시며 만월보살이시며 대력보살이시며 무량력보살이시며 월삼계보살이시며 발타바라보살이시며 미륵보살이시며 보적보살이시며 도사보살이신 이와 같은 분들의 보살마하살 팔만 사람께서 함께 하시었소이다.

　그 때에 석제환인은 그가 거느린 무리 이만 천자와 더불어 함께 하였으며, 또 월천자와 보향천자와 보광천자와 사대천왕은 그가 거느린 무리 만 천자와 더불어 함께 하였으며, 자재천자와 대자재천자는 그가 거느린 무리 삼천 천자와 더불어 함께하였으며, 사바세계 주인이며 범천왕인 시기대범과 광명대범 들도 그가 거느린 무리 만이천 천자와 더불어 함께 하였소이다.

여덟 용왕이 있었으니, 난타용왕과 발난타용왕과 사가라용왕과 화수길요왕과 덕차가용왕과 아나발다용왕과 마나사용왕과 우발라용왕 들이 각각 몇 백천의 거느린 무리와 더불어 함께 하였으며, 넷 긴나라왕이 있었으니 법긴나라왕과 묘법긴나라왕과 지법긴나라왕은 각각 몇 백천의 거느린 무리와 더불어 함께하였으며, 넷 건달바왕이 있었으니 악건달바왕과 악음건달바왕과 미건달바왕과 미음건달바왕은 각각 몇 백천의 거느린 무리와 더불어 함께하였으며, 넷 아수라왕이 있었으니 바치아수라왕과 거라건타아수라왕과 비마질다라아수라왕과 라후아수라왕은 각각 몇 백천의 거느린 무리와 더불어 함께하였으며, 넷 가루라왕이 있었으니 대위덕가루라왕과 대신가루라왕과 대만가루라왕과 여의가루라왕은 각각 몇 백천의 거느린 무리와 더불어 함께하였으며, 위제희의 아들 아사세왕도 몇 백천의 거느린 무리와 더불어 함께하여 각각 부처님의 발에 절을 하고 물러나 한쪽에 자리하였소이다.

爾時世尊 四衆圍遶 供養恭敬重讚歎 爲諸
이시세존 사중위요 공양공경중찬탄 위제

菩薩說 大乘經 名無量義
보살설 대승경 명무량의

"세존은 끝없이 깊은 적정의 무량의처 삼매에 드셨다. 그 때에 세계는 여섯가지로 진동하고 중생들에게 백호광명 즉 부처님 석가세존의 지혜인 무량의(無量義:세존의참뜻),의처(義處:무량의인依處.實相)의 가르침을 설하였다." 설법을 들으려 영축산에 몰려온 사람들은 일찍이 경험할 수도 없는 감동을 받았다. 그때 사람들은 "아! 부처님의 황금빛이다 하고 소리를 쳤다."

"미간에서 비치는 1만 팔천리 세계에서 무수한 불가사의 현상과 불 보살님의 설법하심을 목격한다." 천상에서 만다라화꽃 등 많은 꽃 비가 부처님의 머리에 끝없이 뿌려지고, 무수한 세계를 불가사의한 빛으로 비추고 있는 것을 본 미륵보살은 문수사리에게 그 이유를 물었다.

"문수사리여, 당신은 오래 동안 세존을 공양해 왔던 사람으로, 세존의 이 불가사의한 감동세계를 사람에게 보이셨지만, 도대체 어떤 의미를 갖고 있습니까? 미륵보살이여,

부처님은 지금부터 가장 중요한 설법을 시작하십니다. 나는 과거에도 많은 부처님을 섬겨왔는데, 부처님의 불가사의 한 빛이 나타날 때는 중요한 법을 대중에게 설하기 위한 조짐입니다."

 문수사리가 말한 중요한 법이야 말로, 실은"법화경"이다. 부처님의 빛은 생명력이다. 자비로운 빛인 것이다. 생명이 있는 모두가 절대 평등의 존재인 것이다. 무엇을 존경하고, 무엇을 존경하지 않겠는가 하는 절대 존재하지 않는다는 부처님의 지혜요 묘음(妙音)을 말하는 것이다.
 영축산에 모인 사람들은 불가사의한 인연으로 부처님을 만나 "법화경"을 직접 들어 마음은 깨끗이 비워지고 감격과 행복으로, 많은 보살들이 갖가지 인연으로 불도 구함을 우러러 보며 예배를 한다.

 "남에게 베풀되 금, 은, 산호와 진주 마니 자거 마노와 금 강의 모든 보배 노비와 수레와 보배로 꾸며진 연을 기꺼이 보시로 불도에 회향하고, 이 법은 삼계의 제일, 부처님의 칭찬을 받고자 원하며, 어떤 보살이 네 마리 말이 끄는 보 배수레를 난간과 꽃의 덮개로 꾸며 보시하며, 또 어떤 보살 은 몸, 살, 손 처자를 모두 보시하여 위 없는 진리를 구함 을 보며, 또 어떤 보살은 머리와 눈, 신체를 기꺼이 모두 보 시하여 부처님의 지혜 구함을 보았나이다." 부처님은 세상

사람들을 무명(미혹), 업식(습관적의도),苦海로부터 해방
시킨다.

　바른 법으로 성문에게 4성제(苦集滅道)법, 벽지불 연각에
게 12인연법, 보살에게 6바라밀을 설법하여 최상의 깨달음
을 얻도록 한다. 생노병사 또한 서로 서로 의존하는 상의성
(相依性)에 일어난다 피할래야 피할수 없는 인연의 과보요,
세상은 한 티끌 만치라도 거짓이 없고 어김이 없다. 모두가
자기가 뿌린 만큼 자기의 노력의 댓가만큼 이루어 진다. 서
품은 부처님은 모두가 부처로써 어떻게 살아가면 좋은 가
를 설하기 시작하는 프롤로그이며, 왜 법화경을 꼭 설하는
것인가를 설명해준다. 부처님의 가르침의 참 뜻은 "자유"
다 세상살이는 걸림없이 살줄 알아야 함이다. 유리하다고
교만하지 말고, 불리하다고 비굴하지 말고, 무엇을 들었다
고 쉽게 행동하지 말고, 이기심을 채우고자 정의에 등지지
말고, 사나움과 나약함을 버려 부처의 지혜로 재물과 명예
는 오물처럼 볼 줄 아는 것이 불자들의 삶이라 하였다.

묘법연화경 방편품 제 2 요지

그 때에 세존께옵서 삼매로부터 침착하시어 조용히 일
어나시어 사리불에게 이르시되, 모든 부처님의 사리에
밝은 지혜는 심히 깊어서 헤아릴 수 없으며 그 사리에 밝
은 지혜의 문은 이해하기 어렵고 들어가기도 어려워서
일체 성문 벽지불은 능히 알지 못할 바이니라.

까닭은 무엇인가 하면, 부처님께옵서는 일찍이 백천 만
억 수없는 모든 부처님을 친하고 가까이 하시어 모든 부
처님의 헤아닐수 없는 도의 법을 다 행하시고 용맹히 정
진하시어 이름 일컬음이 널리 들리셨으며 심히 깊으며
일찍기 있지 아니한 법을 성취하시어 마땅한 바를 따라
설하시는 뜻이 향하는 바를 알기가 어려우니라.

사리불이여, 내가 부처님을 이룸으로부터 이미 오면서
가지가지의 인연과 비유로서 널리 설명하여 말하고 가르

치며 수없는 방편으로 중생을 인도하여 모든 집착을 떠나게 하였느니라. 까닭은 무었인가 하면 여래는 방편 지견으로써 나고 멸하는 이쪽에서 나고 멸함이 없는 저쪽에 이르름을 이미 모두 흡족하게 갖추었기 때문이니라.

사리불이여, 여래의 아는 것과 보는 것은 넓고 크며 깊고 멀어서 헤아림 없음과 걸림 없음과 두려울 바 없음과 선정과 해탈과 삼매에 끝없이 깊이 들어 일체의 일찍이 있지 아니한 법을 성취 하였느니라.

사리불이여, 여래는 능히 가지가지로 분별하여 모든 법을 훌륭하게 설하되, 말씨는 부드럽고 연하여 가히 많은 이의 마음을 기쁘게 하느니라.

사리불이여, 요긴한 것을 취하여 말하면 헤아릴수 없고 끝도 없으며 일찍이 있지 아니한 법을 부처님은 다 성취 하였느니라.

그치어라 사리불이여, 다시 말할 필요가 없느니라. 까닭은 무었인가 하면 부처님이 성취한 바는 제일 드물게 있고 알기가 어려운 법이니, 오직 부처님과 더불어 부처님만이 이에 능히 모든 법의 실상을 헤아림을 다 할수 있기 때문이니라.

이른바 모든 법은 이와 같은 형상이며, 이와 같은 성품이며, 이와 같은 바탕이며, 이와 같은 힘이며, 이와 같은 작용이며, 이와 같은 원인이며, 이와 같은 관계며, 이와 같은 결과이며, 이와 같은 갚음이며, 이와 같은 처음과 끝의 궁극에는 같음이라.

모든 부처님 세존께옵서 중생으로 하여금 부처님의 지견을 열어서 맑고 깨끗함을 얻게 하시고자 하시는 까닭으로 세상에 나오시어 나타나시며, 중생에게 부처님의 지견을 보이시고자 하시는 까닭으로 세상에 나오시어 나타내시며, 중생으로 하여금 부처님의 지견을 깨우쳐 주시고자 하시는 까닭으로 세상에 나오시어 나타내시며, 중생으로 하여금 부처의 지견의 길에 들어가도록 하시고자 하시는 까닭으로 세상에 나오시어 나타나시니라.

사리불이여, 이것을 위하여 모든 부처님께옵서 하나의 큰 일의 인연의 까닭으로써 세상에 나오시어 나타나시니라.

만약 법을 듣는 자가 있으면 부처님을 이루지 못함이 하나도 없으리라.

모든 부처님의 본래 맹세하신 원은 내가 행한 바 부처님의 도를 널리 중생으로 하여금 또한 같이 이 도를 얻게 하고자 함이니라.

미래세에 모든 부처님께옵서 비록 백천 만억의 수 없는 모든 법문을 설하실 것이나 그 실상은 일승을 위하심이니라.

양가지가 흡족하시고 높으신 모든 부처님께옵서는 법이

항상 성품이 없음을 아시건 만은 부처님의 종자는 인연으로부터 일어남이니 이런 까닭으로 일승을 설하시니라.

이 법은 법의 위치에 머물며 세간 형상에도 항상 머무느니라.

如來知見 廣大深遠 無量 無碍力 無所畏禪
여래지견 광대심원 무량 무애력 무소외선

定 解脫 三昧 深入無際 成就第一 未曾有法
정 해탈 삼매 심입무제 성취제일 미증유법

방편으로써 법의 문을 인도한다. 문수사리가 부처님 석가세존의 설법이 이제부터 설해진다 라고 말했기 때문에 사람들은 진심으로 감격하여 될 수 있는 한 세존의 가까운 주위를 몰려들었다.

"사리불이여, 여래의 지견은 넓고 크고 깊고 깊어서 4무량심, 4무애변과 열가지 마음의 능력과 4무소외와 선정 해탈 삼매에 끝없이 깊이 들어 온갖 일찍이 없던 법을 성취 하였느니라."

"사리불아, 부처의 지혜는 깊고 끝이 없다. 자신에게 조금이라도 집착하는 마음이 있으면 도저히 이해할 수 없다. 그러나 이제까지 여래들은 한 사람 한 사람의 근기에 따라 그들 각자에게 알맞은 설법 방식을 취하여 부처의 지혜를 설하여 왔던 것이다."

여기까지 말하고 나서 세존은 문득 침묵에 잠겨 버렸다. 이윽고 다시 세존은 입을 열었다. "사리불아, 설하는 것을 그만두자. 도저히 보통 사람으로는 부처의 지혜를 이해하기가 불가능하다. 근본 진리는 부처로부터 부처에게 전해온 것이다. 그 진리가 바로 십여시(十如是:相, 性, 體, 力, 作, 因, 緣, 果, 報, 本末究竟)의 가르침이요, 실상(참생명)의 가르침인 것이다." 더욱이 세존은 이제까지 설해온 방편의 가르침에 대해서도 강조한다. 지혜 제일의 사리불은 방편을 특히 강조한 세존의 진리를 듣고 싶다고 생각했다.

"여기에 모여있는 사람들은 부처님의 제자들입니다. 수행을 실천해온 사람들 뿐이 옵니다. 어서 부처의 지혜에 관하여 말씀해 주십시오. 오직 바라옵건데 부처님께서는 이를 자세히 말씀해 주소서. 사리불은 이와같이 세 번이나 간청하였다."

드디어 때가되어 부처님은 간청에 따라 법좌에 앉으시자 잘 난체 하던 증상만의 5천명이 자리를 퇴장을 하였다. "모든 부처는 일대사인연(一大事因緣)으로 출현한다. 무명 중생에게, 불지견(佛知見:부처의안목)을 열어서. 드러내어. 깨달아. 들어가게(開.示.悟.入)하는 바른 길로 인도하기 위하여 세상에 출현하는 것이다."

"사리불아 본래 모든 사람에게 불성이 구비되어 있기 때문에 모두가 처처가 되리라. 진리(法)에는 삼승(소승.연각.보살)이 없다. 오직 부처인 일승(一佛乘)만 있을 뿐이다. 부처의 지혜를 얻게 하기 위하여 방편으로써 여러 가지 방법의 길을 설하였을 뿐이다."

(방편품 제2)는 (여래수량품 제16)과 함께 법화경의 중심 내용으로, 제법실상이라는 절대 평등의 부처님의 지혜, 그리고 제불출세에 일대사인연이 밝혀진 것이다. 사람의 근기에 따라서 깨달음의 문은 많으나 오직 일불승이요. 모든 의혹을 없애고, 마음에 환희심을 내어, 마땅히 최종 목적지는 부처의 깨달음의 경지이며 스스로 불성을 갖추고 있으므로 누구나 부처가 된다는 가르침이다. "모든 의혹을 없애고 마음에 환희심을 내어 마땅히 스스로 성불할 것을 알지어라"

사람이 살다보면 인간과의 관계에서 소통은 막히는 데서 도리어 통하게 되고, 통함을 구하는 것이 도리어 막히는 것이다. 이래서 부처님도 모든 장애 가운데에 모든 의혹을 없애고 그저 묵묵히 참고 극복하는 방편을 고행으로 부처의 지혜를 얻으셨다. 모든 사람은 장애가 부딪칠 때 능히 이겨내지 못해서 법왕의 큰 보배를 모두 잃고 만다.

자신의 스승은 바로 자신이다. 따라서 자신에 의지하고 진리인 법에 의지해야 한다. 자신의 콧구멍으로 숨을 쉴 수는 없지 않는가. 윤회의 질병의 근원은 자신이 만든 번뇌의 화살이다. 번뇌를 제거할 수 있는 것은 오직 부처님의 가르침인 법 뿐이다. 법을 따르는 방편은 무명의 번뇌에게 노예가 되지 않기 때문이다.

처음 부처님의 바른법을 배우는 사람은 삿된 법을 따르는 벗을 멀리하고 4성제, 12인연법, 6바라밀의 정법을 행하는 벗을 가까이 하여 5계 10계 등을 받아서 지키고, 범하고, 용서하고, 말리고 하는 부처의 지혜를 쓸 줄 알아야 한다.

묘법연화경 화택비유품 제3 요지

삼계가 편안함이 없는 것은 마치 불난집과 같으며, 많은 괴로움이 가득차서 가히 심히 겁나고 두려우니라.

항상 나고 늙으며 병들고 죽는 것과 근심 걱정이 있으며, 이와 같은 것들의 불이 치성하게 타올라서 쉬지를 아니하느니라.

여래는 이미 삼계의 불난 집을 떠나서 고요하고 한가하게 살며 편하게 숲이나 들판에서 잘 사느니라.

지금 이 삼계는 모두 바로 나의 것이며, 그 가운데의 중생은 모두 바로 나의 아들이거늘, 그러나 지금 이곳은 모든 근심과 재앙이 많으니 오직 나 한 사람만이 능히 구원하고 보호할수 있느니라.

너 사리불도 오히려 이 경에서는 믿음으로써 들어옴을 얻게 되었거늘 하물며 다른 성문이랴. 만약 사람이 믿지 않고 이 경을 헐뜯고 비방하면 곧 일체 세간의 부처님 종자를 끊는 것이니라.

혹은 다시 얼굴을 찡그리며 그리고는 의심과 미혹을 품으면 너는 마땅히 이 사람의 죄보를 설하는 것을 들을지니라. 만약 부처님께옵서 세상에 계시거나 만약 멸도하신 뒤에 그가 이와 같은 경전을 비방함이 있거나 경을 읽고 외우며 쓰고 가지는 어떤자를 보고 가벼이 여겨 천대하거나 미워하고 질투하며 이에 원한 맺음을 품으면 이 사람의 죄보를 너는 지금 다시 들을지니라.

그 사람이 명을 마치면 아비지옥에 들어가서 일겁을 채우고 겁이 다하고는 다시 태어나며, 이와 같이 되풀이 하기를 수없는 겁에 이르러고 지옥으로부터 나와 서는 마땅이 축생의 과보를 받아서 개나 야간이가 되면 그 형상이 대머리이고 파리하며 검고 지저분하여 옴과 문둥병에 걸리고 사람이 찌르고 미워하고 천대 할것이고, 항상 피곤하고 굶주리며 목 말라 뼈와 살이 야위고 마르며 살아서는 회초리로 독하게 맞고 죽어서는 기와나 돌에 덮혀지나니 부처님의 종자를 끊는 까닭으로 이런 죄의 보를 받느니라.

今此三界	皆是我有	其中衆生	悉是吾子
금 차 삼 계	개 시 아 유	기 중 중 생	실 시 오 자

而今此處	多諸患難	唯我一人	能爲救護
이 금 차 처	다 제 환 난	유 아 일 인	능 위 구 호

부처님 석가 세존께서는 "이 세상은 불난 집과 같다" 하였다. "인간은 누구나 다 반듯이 부처가 된다"라는 부처님의 말씀을 듣고 사리불 등은 기쁨 마음으로 충만하다. 지금까지 성문.연각(2乘)을 목적으로 소승적인 수행만을 닦아온 사리불 등은 "모든 사람은 불성(佛性)이 있기 때문에 바르게 수행하면 반듯이 부처의 경지에 도달할 수 있다." 라고 듣고 있는 것이다. 이 글을 통하여 오늘날 불난 집에 살아가고 있는 우리들도 부처님의 이 말씀을 들을 수 있어야 한다.

　이러한 사람들의 마음을 이미 간파하시고 다시 설하신다. "오랜 수행을 닦아 일체 번뇌의 속박에서 벗어나는 것만으로써, 그것이 진실한 깨달음을 얻었다고 하는 일은 충분하지 않다. 세상에는 또한 고뇌에 집착하여 살고 있는 사람들이 많다. 이런 사람들을 여러 가지 방편으로 구제하여 평안한 마음을 갖게 하는 사람이야 말로 진실로 부처님의 경지에 도달했다고 할 수 있다." 라고 하신다.

　사리불은 중생구제를 목적으로 하는 대승의 가르침인 진의를 아직 파악하지 못하고 있었다. 그래서 다시 석가세존에게 가르침을 청하자, 부처님은 비유로서 알기쉽게 설명한다. 이것이 유명한 "삼계화택비유"인 것이다. 넓고 높은 장자의 큰집에서 불이 났다. 이 집에 문은 오직 하나밖에 없었다. 그때 장자는 불길에 휩싸인 집 안을 들여다 보는

데, 집 안에는 세 명의 아들은 불이 난 줄도 모르고 정신없이 놀고 있지 않은가. "빨리 문 밖으로 달려 나오너라" 아이들은 노는데 정신이 팔려 있기 때문에 뒤를 돌아보지 않았다.

문득 아이들의 마음을 끌 수 있는 좋은 생각이 떠올랐다. "너희들이 갖고 싶어하는 양이 끄는 수레. 사슴이 끄는 수레. 소가 끄는 수레가 문 밖에 있으니 빨리 나와 모두 가져라" 아무런 부상도 입지 않고 아이들은 무사히 불타고 있는 집에서 빠져나올 수가 있었다. 장자는 너무 기뻐서 양과 사슴과 소가 끄는 수레보다도 훨씬 더 멋있는 흰 소가 끄는 큰 수레(부처의지혜)를 주었다는 이야기다.

여기서 아버지인 장자는 바로 부처님이며, 아이들은 어리석은 무명에 쌓인 중생이다. 그리고 불이 난 큰 집은 이 사바(堪忍)세계를 의미한다.

[비유품제]은 화택인 불난 집 속에 있으면서 그것을 미처 깨닫지 못하고, 집착으로 인해 괴로워하고 있는 중생의 모습을 사실적으로 묘사한다. "중생은 모든 부처님의 아들로 표현하여 화택 속에 있는 아들을 구하고자 하는 부처님의 자비를 알기 쉽게 나타내고 있다." 다시 말하면 오직 부처님의 가르침은 오직하나 일불승 흰 소가 끄는 수레다. 중

생들의 근기에 따라서 방편인 삼승을 설하여 일불승으로 인도하기 위한 부처님의 자비에 사부대중은 기뻐서 공양올리고 천신은 기뻐 노래하였다.

 불교수행의 목적은 한 마음 밝혀서 참 생명의 바탕인 자신의 성품을 보는 것으로 오염 덩어리인 집착을 버려서 부처의 지혜로 덕상인 자기를 보는 것이다. 이 법화경의 가르침을 실천하려는 보살들은 선결 조건이 바깥경계를 따라 헐떡이는 마음인 망상과 집착을 쉬는 것이다.

 상근기는 한 생각을 쉬어 해탈의 자유를 누리고, 하근기는 수행과 나눔의 보시하는 공덕으로서 행복을 누리게 된다. 자기를 잃어버리고 바쁘게 사는 사람은 마치 순금 덩어리를 똥 구덩이에 빠트린 것과 같으며, 부처님과 가르침을 실천하고 수행자에게 공양하며 불공할 줄 아는 자는 똥 묻은 순금을 닦는 사람이다. 삼계화택에서 벗어나려면 먼저 계정혜 삼학을 실천해야 한다. 계행을 지킬 필요가 없는 것은 죽은 시체뿐이다. 부처님의 모든 계율은 마음인 성품의 관찰로부터 시작되어야 한다. 마음의 제어는 말의 제어 행위의 제어 의식의 제어가 근본이다. 호랑이를 길 들일 때 호랑이와 수없이 싸워야 하듯이 마음이 갖고 있는 본연의 속성과 치열하게 싸워야 한다.

 죽임이 두려워 수행의 고삐를 늦추어서는 안된다. 욕계 색계 무색계는 모두 무상. 고. 무아의 윤회 현상이라는 사실이다.

  아플수도 없는 마음 나는 누구냐 세상은 탐욕의 불, 분노의 불, 어리석음의 불에 모두 타고 있구나. 나를 불행하게 만드는 생각이나 감정의 싹을 자르겠습니다.

묘법연화경 신해품 제4 요지

저희들이 지금 부처님 앞에서 성문에게도 위없이 높고 바르며, 크고도 넓으며, 평등한 깨달음의 수기 주심을 듣자옵고 마음으로 심히 기뻐하고 즐거워하며, 일찍이 있지 아니한 것을 얻었나이다. 생각지도 못한 지금에 홀연히 드물게 있는 법을 얻어 듣자옵고, 깊이 스스로 경사스럽고, 다행스럽게도 크고도 좋은 이익을 얻었으며, 헤아릴 수 없는 진귀한 보배를 구하지 아니하여도 저절로 얻었나이다.

세존의 크신 은혜는 드물게 있는 일로써 가엾고 불쌍히 여기시어 가르쳐 교화하시어 저희들을 이익되게 하시옵나니 헤아릴 수 없는 억겁엔들 누가 능히 갚을 자이뇨.

世尊 是時窮子 聞父此言 卽大歡喜 得未曾有
세존 시시궁자 문부차신 즉대환희 득미증유

而作是念 我本無心 有所希求
이작시념 아본무심 유소희구

　내게 있는 것은 모두가 다 나의 아들의 것. 신앙은 마음
으로 믿는 것과 마음으로 이해하는 두 가지가 있다. 부처
님 석가세존으로부터 "인간은 모두 불성을 지니고 있으며,
바른 수행을 하면 반듯이 깨달음 즉 부처의 지혜를 이룰 수
있다." 라는 말을 듣고 혜명수보리, 마하가전연, 마하가섭,
마하목건련의 네 사람도 사리불과 함께 기뻐한다. 그리고
부처님의 설법을 믿고 이해했던 바를 확인하기 위하여 비
유로서 말하는 것이 이 신해품이다. 그 비유는 바로 유명한
장자와 궁자의 이야기이다.

　어릴 적에 집을 나와 오십세가 넘도록 모든 나라를 방황
하고 있는 빈궁한 사람이 있었다. 아버지는 이 하나밖에 없
는 아들을 결국 찾지 못하고 본국으로 돌아와 큰 부자(부처
의 지혜)가 된다. 그러던 어느 날, 우연히 가난한 아들이 아
버지의 집인 줄 모르고 구걸하러 문 앞까지 왔는데, 너무
화려함에 압도되어 그만 도망쳐 버렸다.

아버지는 직감적으로 아들임이 틀림없다고 생각하고, 하인들에게 가난한 아들을 찾아오도록 명령했다. 그런데 그 가난한 아들은 조금도 죄 지은바가 없는데 왜 나를 잡아가는가, 대성통곡을 하며 기절하자 아버지는 그냥 놓아준다. 그리고나서 볼품없는 하인을 시켜 "변소와 도량 청소를 같이하지 않겠는가" 라고 데리고 와서, 안심하고 일을 할 수 있게 하고는 가난한 아들을 계속 관찰했다.

이십년이나 일을 하는 동안 가난한 아들인 궁자는 본래의 소박한 마음으로 돌아왔다. 아버지인 장자는 병이들자, 부자(父子)관계를 밝히고 나서 전 재산을 궁자에게 물려준다. 궁자는 운명의 불가사의함을 느끼고 장자에게 감사드리며 말했다. "내가 당신의 아들이라고는 도저히 믿을 수 없습니다. 재산을 물려받으리라고는 꿈에도 생각하지 않습니다. 이 재산을 모두 물려주시는 것은 어떠한 뜻입니까."

궁자의 아버지 장자는 부처님이며(자신의 본성), 방황하는 가난한 아들은 중생(본성을 등진 모습)이다. 그리고 재산은 바로 부처님의 가르침이다. 불성(佛性)을 아버지로부터 이어 받고 있다는 사실조차도 모른 체 우리들은 사바세계를 방황하고 있는 것이다. 그러나 우리는 부처님의 아들이므로 아무리 부처님에게 등을 돌릴지라도 언젠가는 아버지인 부처님에게로 돌아가게 된다.

신해품은 자신이 부처님의 아들이고, 불성으로 참 생명이 부처임을 사실 조차도 깨닫지 못하고 방황하는 중생들의 좁은 마음을 부처님의 지혜로서 따뜻하게 감싸 점차 마음의 문을 열게 한다. 자기의 본질 한량없는 무루의 법을 깨닫게 한다. 장자의 기도원력이 성취된 것이다.

중생들의 업식(業識)인 생각은 생각을 이어가고 행동으로 옮겨진다. 생각은 그림자와 같아 실체가 없으나, 미혹하기 때문에 이를 떨쳐 버리지 못하고 끌려가게 되므로 생각에 구속되어 벗어나지 못한다. 옳은 생각, 그른 생각, 선한 생각, 악한 생각이 모두 나를 바탕에 두고 있기 때문에 항상 본능적이거나 자기 중심적일 수 밖에 없다. 아무리 고상하고 이성에 의한들 생각인 업식(業識)에 의하여 생과 사의 근원적인 바탕에서 벗어나지 못한다. 그러나 생각은 거울에 비친 그림자와 같아서 생각이 공적해지면 무념(無念)이라 하여 생각으로부터 자유로운 것이다. 법화경에서 가난한 아들이 아버지의 모든 재산을 상속 받았다는 말씀이 바로 미혹에서 방황하던 중생들이 부처의 지혜를 회복하여 자기를 찾은 것이다.

부처님의 가르침의 매력은 바로 이것이다. 나는 누구인가, 아플 수도 없는 그 마음 부처 바로 여기에 있었구나.

가야할 곳도 없는 지금 이 순간의 이 자리가 내가 있어야 할 자리임을 이제야 알겠구나 마음챙김과 기도의 실천은 이렇게 하는 것이다. 기도와 수행을 하면서 어려움도 많은 것이다. 무엇이든 오면 오는 데로 가면 가는 데로 일상적으로 익혀진 편견과 아집을 그대로 놓아 버리고 일상 생활 그대로 알아 차리면 된다. 견성이라는 말은 성(性)품을 본다는 뜻인데 자신이 되어가는 꼴(本性)을 알았다는 말이다. 몸에서 일어나는 성. 주. 괴. 공의 지. 수. 화. 풍 4대의 요소와 마음의 인과(因果)인 생주이멸을 알았다 하였을 때 부처님의 재산을 상속받는다. 자신이 참부처임을 아는 것은 자존심으로 성장의 마인드다. 자존심은 인센티브를 거절하는 파멸의 문이 된다.

묘법연화경 약초유품 제5 요지

　지금 세상에는 편안하게 의지하고 뒤에는 좋은 곳에 나서 도를 행하므로써 즐거움을 받고 또한 법을 얻어 들으며 이미 법 듣기를 마치면 모든 막히고 걸리는 것에서 떠나느니라.

　오직 여래만이 있어서 이 중생의 종류와 형상과 본체와 성품과 어떤 일을 염하며, 어떤 일을 헤아리며, 어떤 일을 닦으며, 어떻게 법으로써 염하며, 어떤 법으로써 헤아리며, 어떤 법으로써 닦으며, 어떤 법으로써 어떤 법을 얻는 지를 아느니라.

　모두 괴로움에서 떠나게 하고 편안하게 의지하는 즐거움과 세간의 즐거움과 그리고 또 열반의 즐거움을 얻게 하느니라.

安隱衆生 故現於世 爲大衆說 甘露淨法 其
안온중생 고현어세 위대중설 감로정법 기

法一味 解脫涅槃
법일미 해탈열반

　여래의 설법은 감로의 비가 된다. 성문의 수보리등이 설
한 "장자궁자의 비유"를 듣고 부처님 석가세존은 환희심
을 내어 기뻐하면서 장로들을 칭찬했다. 장로들이 부처님
의 가르침을 충분히 이해하고 있다고 생각했기 때문이다.
부처님은 한 걸음 더 나아가서 "삼초이목(三草二木.삼계.2
승)의 비유"를 들어 부처님의 가르침과 그것을 받아 지니
는 중생의 관계에 대하여 설명하고, 중생의 믿음과 이해를
깊게 했던 것이 바로 이 약초유품이다.

　부처님은 마하가섭에게 의견을 개진하는 형태로 설법을
시작한다. 이 세상에는 여러 가지 종류의 여러 가지 모양을
하고 있는 초목과 약초들이 있다. 그러한 초목과 약초들에
게 똑 같은 비가 내린다. 그 초목이나 약초들의 어떤 뿌리
나 줄기, 가지나 잎사귀에도 비는 똑 같이 평등하게 뿌려진
다. 계속내리고 있는 비를 평등하게 받으면서도 모든 초목
이나 약초들은 각기 다른 특성을 갖고 다른 꽃을 피우고 다
른 열매를 맺는다.

이 비와 초목과의 관계는 부처님의 가르침과 중생이 받아서 지니는 방식과는 관계임을 간접적으로 시사하고 있다. 비를 내려주는 구름은 부처님의 출현을 상징하며, 지상의 어느 곳에서나 평등하게 내리는 비는 부처님의 가르침을 나타내며, 일체 중생은 여러 가지 종류의 여러가지 모양을 하고 있는 초목으로 비유되어 있다.

부처님은 한 사람 한 사람의 믿음과 이해의 정도에 따라서 가피와 은혜를 받아들이는 정도와 방식은 천차만별이나, 부처님의 자비와 광명의 은혜는 조금도 차별이 없이 평등하게 만인에게 비추어지고 있다는 의미를 명확하게 표현하고 있다.

"나는 모든 것을 알고 보는 자이며, 도를 아는 자이며, 도를 열고 설하는 자이니, 너희들 하늘 인간 아수라들이 다 이곳에 온 것을 법을 듣기 위함이니라. 모두 와서 들어라"

인간은 제멋대로 살고 있다. 그런데 그것을 알지 못한다. 같은 유형의 사람들은 똑 같은 탐욕이라는 공통성을 지닌 채 이권을 다투어 찾아 다닌다. 부처님의 진실한 자비를 느끼지도 알지도 못한다. 인간도 산천초목도 모두 부처님의 자비스러운 비를 평등하게 받으며 살고 있다. 부처님의 은혜에 의해 이 세상에 존재하는 모든 것이 생명을 얻고 제각기 생명의 꽃을 피우며 살아간다. 애써 자비 은혜의 비를 받은 사람들은 자기의 능력을 최대한으로 발전시켜 수행적인 삶으로 살아야 된다고 강조하는 말씀이다.

　[약초유품]은 일체중생을 평등하게 부처님의 경지에 인도하려는 부처님의 대자 대비하심을 마음에 사무처 성문 연각의 수행에서 보살도 실천으로 이끌어가는 비유가 중심 목적이다. 법화경은 하루 하루를 맞이하는 것은 나의 인생에 있어서 가장 큰 선물 이였음을 일러주시는 것이다.

　날이 밝을 때 일이 즐겁고 힘차게 해치워야 하겠다는 신념은 새 아침이 설레인다. '아침에 눈뜨며 나는 미소짓네 새롭고 경이로운 새날 오늘 선물 받았네 부처의 지혜 눈 뜨라고……나는 부처다.' 자연에 순응하지 못하여 자비심이 사라져 인색해짐을 이제야 알겠습니다.

묘법연화경 수기품 제6 요지

그 나라의 보살은 헤아릴 수 없는 천억이며 모든 성문의 많은 이도 또한 다시 수없고 장애의 일은 없으며 비록 장애의 백성이 있다 할지라도 모두 부처님의 법을 먼저 보호 할 것이니라.

감로를 뿌려서 열을 없애고 맑고 서늘함을 얻는 것과 같으오리라. 굶주리는 나라로부터 와서 문득 대왕의 음식을 만나도 마음에는 오히려 의심과 두려움을 품고 감히 곧 선뜻 먹지 못하나 만약 다시 왕의 명령을 얻은 그러한 뒤에야 이에 감히 먹는 것과 같나이다.

威德具足	其數五百	皆當授記	於未來世	咸
위덕구족	기수오백	개당수기	어미말세	함

得成佛
득성불

불제자들은 모두가 성불의 수기를 받는다. 수기란 부처가 될수 있다는 보증을 부처님 석가세존으로부터 약속 받는 일이다. 부처가 되는 순간 온 세상은 평화의 물결이 치고 모든 공양을 다 받는다. 이 수기품에서는 4인, 마하가섭, 마하목건련, 혜명수보리, 마하가전연에게 수기가 부여된다.

"여기 있는 가섭은 부처의 가르침을 충분히 이해하고 보살행을 닦아 세상 사람들을 널리 구제하려고 결심하고 있다. 지금부터 먼저 많은 부처님을 받들어 공양하고, 그 가르침을 널리 전하며 최후에는 반듯이 부처가 될 것이다. 부처로서의 이름은 광명여래. 응공. 정변지. 명행족. 선서. 세간해. 무상사. 조어장부. 천인사. 불. 세존이라 불리우며, 그 나라는 광덕이라 하며, 그 시대를 대장업이라 부른다. 이 부처의 수명은 12소겁이며 그의 멸후에도 20소겁이란 오랜 기간 동안 그 가르침이 바르게 전해지며, 그 후 형상만으로도 부처의 가르침이 전해지는 기간이 20소겁에 이른다."

이렇게 부처님의 말을 듣고 가섭은 크게 환희했다. "장차 반듯이 성불할 수 있다."라고 보증 받았기 때문이다. 광덕이라는 유리처럼 깨끗하고 길은 한없이 평탄하며 유리로 장식되어 있고, 가로수가 일렬로 나란히 보기 좋게 정돈 된 모습으로 심어져있다. 그 야말로 온 백성이 부처님법을 실천하고 불법을 훼방하는 자도 없는 이상적인 국토다. 부처님으로부터 수기 내용을 자세히 듣던 수보리, 가전연, 목건련은 서둘러 합장하고 부처님께 소원을 말했다.

"우리들에도 성불할 수 있다는 보증을 약속하여 주십시오. 오직 일심으로 보살도를 정진할 수 있습니다." 부처님은 곧 바로 수기를 설하였다.

수기를 받은 수제자들을 감격의 눈물을 흘렸으며, 영축산에 모인 마음이 청정한 대중들은 부처님의 큰 제자 수제자들이 수기를 받는 모습을 보고 기쁜 마음을 감출길이 없었다. 인생에 있어서 바른 스승 만나는 일보다 더 즐거움이 없다. 그래서 모두가 기쁨의 눈물을 흘리는 것이었다.

[수기품]은 부처님이 가섭을 비롯하여 네 명의 수제자와 모든 제자들에게도 직접 성불의 수기를 주고, "불지견 즉 부처의 지혜"를 미래 영겁토록 중생들에게 널리 홍포하여 중생을 구제하는 보살행에 앞장 설 것을 격려하는 내용으로 구성되어 있다. 수행자라면 누구나 자신의 수행이 올바름을 확인할 수 있고, 더욱이 미래세에 성불한다는 수기를 받는다면 그 이상의 행복은 없을 것이다.

특히 불제자에게 있어서 보살행은 생에 가장 기쁜 일이며 그것은 부처되는 지름길이요 불제자로서 본연의 임무이기 때문이다. 산신까지도 법화 회상에서 "영산석일여래촉(靈山昔日如來囑)"의 수기를 받아서 중생들에게 보살도행을 실천하고 있다는 사실이다.

원효스님은 극락문이 열렸으나 가는 사람 적은 것은 탐심 내고 미워하며 어리석은 때문이며, 고통받고 험한 세상 빠져들어 가는 것은 탐욕심을 낸 탓이라, 도 닦는 다면서 악행을 저지르는 것은 모두가 습관에 얽매여서 행동하기 때문이라 한다. 그래서 법화행자들은 이 세상을 사는 동안 나쁜 습관을 조금이라도 멀어지려면 매일 거울 앞에서 자신의 태도를 살펴보는 습관이 바람직하다. 비추어진 자신을 향하여 웃음을 보여주기 위해서다. 자신이 자신을 싫어하는데 누가 나를 좋아 할까. "지금부터 나를 사랑합니다."라고 약속은 불자로서 그만한 보시의 공적도 흔치않다.

나의 생각은 일체가 부처다. 모두에게 불공하는 것이다. 불공은 편협하고 인색한 마음이 아닌 보은과 은혜 보답하는 일이기 때문이다.

세상은 원하든 원하지 않든 간에 서로 서로 연결되어 주고 받는다. 그래서 나 혼자만이 따로 행복해지는 것은 생각할 수도 없는 일이다. 항상 가족과 이웃에 감사하는 그 가운데서 기쁨을 찾아야 한다.

상응부경전에서 "이것이 있는 고로 이것이 있고, 이것이 생기므로 이것도 생기고, 이것이 없는 고로 이것도 없고, 이것이 소멸하므로 이것도 소멸하느니라."라고 말씀하시며 "성스러운 제자여 연기(緣起)를 듣고 깊이 잘 생각하라."하셨다. 세상은 혼자서 살아가는 것이 아니라 서로 의존하며 공생공존하여 더불어 살아가기 때문에 사회라 말한다.

묘법연화경 화성유품 제7 요지

세존이시여, 법의 바퀴를 굴리소서. 감로의 법북을 치시어 괴롭고 외로운 중생을 제도하시고 열반의 길을 열어 보이소서.

오직 원하옵건데 저희의 청을 받으시어 크고도 미묘하옵신 소리로써 슬피 불쌍히 여기시어 헤아릴 수 없는 세월 익히신 법을 널리 펴시옵소서.

모든 부처님께옵서는 방편의 힘으로 분별하시어 삼승을 설하시나니 오직 일불승만 있지마는 쉽게 할 거처 때문에 둘을 설하시니라.

이제 너희를 위하여 실상을 설하노니 너희가 얻은 것은 멸이 아니니라. 부처님 일체 지혜를 위하여 마땅히 큰 정진을 일으킬지니라. 너희는 일체 지혜와 열가지 힘들의 부처님 법을 증득하여 서른 두 가지 형상을 갖추어야만 이에 이것이 진실한 멸이니라.

모든 부처님인 인도하시는 스승께옵서는 쉬게 하기 위하여 열반을 설하시고 이미 이렇게 쉬기를 마친 것을 아시고는 부처님 지혜에 이끌고서 들게 하시니라.

爲佛一切智 當發大精進
위 불 일 체 지 당 발 대 정 진

정진하라 한량없는 공양을 받으리라 "대통지승불(자기본성)의 수명은 540만억 나유타겁이 된다. 이 부처님이 본래 도량에 앉아서 마군중을 항복받고 무상.정등.정각을 얻으려 할 때 모든 불법이 앞에 나타나지 않았다. 그래서 10소겁까지 가부좌를 맺고 앉아 몸과 마음을 움직이지 않았다. 그런데도 불법이 나타나지 않았다. 그때 모든 천인들(환경)이 대통지승불을 위하여 보리수 아래 높이가 천유순이나 되는 사좌자를 마련했다. 대통지승불은 마땅히 이 자리에서 무상.정등.정각을 얻으리라, 맹세를 하고 앉았다. 그러자 범천들은 꽃비를 내리며 부처님께 공양하기를 멸도에 이르기까지 하기를 10소겁을 지나도록 하자, 모든 불법이 앞에 나타나서, 드디어 무상.정등.정각을 이루셨느니라"

부처님의 가르침은 영원불멸하며 "누구라도 성불한다"라는 진리의 영원성과 보편성을 제시한다. 그리고 또 "화성보처(化城寶處)"의 비유도 설한다. "이 세계에 있는 땅 조각을 잘게 부수어 먹물로 만든다. 이 많은 먹물을 천개의 국토를 지날 때에 한 방울씩 점을 찍고, 다시 천개의 국토를 지날 때 또 한 방울 점을 찍는다. 이렇게 그 먹물이 모두 없어질 때까지 걷는 다면 과연 어느 정도의 거리를 걷게 되는 것일까. 이와같이 아무도 알 수 없을 정도의 아득한 옛날에, 대승지승여래는 끝없는 용맹정진으로 드디어 깨달음(不生.不滅.不垢.不淨.不增.不減)경지에 이르렀다."

이 여래가 출가하기 전에는 어떤 나라에 왕자로서 16아들을 두었는데, 아버지께서 출가 수행하여 성불하였다는 소식을 들은 왕자들도 함께 성불하겠다고 출가를 한다. 아들들은 모두 입을 모아 진리의 법을 설해주기를 간청했다. "4성제. 12인연법"을 "대통지승여래"로 부터 들은 첫째 왕자인 지적(智積)을 비롯하여 16인의 그들은 "부처의 지혜"를 실천하여 깨달음 얻고, 지금도 계속 부처님의 지혜를 설하고 있다. 16왕자(10地와 6바라밀행자)중에 한 사람은 바로 석가세존이다.

부처님은 "화성보처의 비유"에서 보물(一佛乘)을 찾기 위하여 멀고도 험한 길을 필사적으로 걷는 사람들이 많건만,

너무나도 험한 길이기 때문에 모두가 중도에 포기한다. 이 것을 간파한 스승은 길의 반쯤 되는 곳에 환상의 성을 만들어 여기까지 인도하여 몸(아집)과 마음(무명)을 쉬게한다. 다시 원기를 회복하는 모습을 보고는 환상의 성을 없애 버리고 나서, 새로운 성을 손으로 가리키며 "이제 한 걸음 한 걸음 참고 견디어 전진하라. 보물이 있는 곳은 가까이에 있다, 네 것이니라"라고 격려한다.

부처님은 방편으로 중생을 인도하신다. 누구나 끝없는 바다 가운데서는 한치도 물러설 수도 전진할 수도 없다. 이처럼 고해(苦海.번뇌)의 한가운데 있는 것이 우리 중생이다. 그래서 화성이 필요했던 것이다. 화성유품은 오랫동안 영겁의 과거에 정진했던 대통지승은 세상의 인연법을 깨닫는다. 큰 깨달음을 얻고나서 그 깨달음을 다시 열어, 일가 권속 모두가 "부처의 지혜"를 열어 "인생의 행복"을 누리도록 한다. 불교하면 4성제다. 이해 또는 실천하지 않으면 참 불자인지 의심해 볼 문제다.

불자들이여, 지금 이 순간은 살아있는 나에게 있어서 제일 젊고 희망차고 기운이 넘치는 가장 소중한 순간이다. 이 법화경은 자신에게 있어서, 세상을 아름답게 희망적으로 긍정적으로 바라 보는 눈, 자신은 냉철하게 통찰하여 볼 수 있는 눈을 뜨게 해준다. 부처는 자기 성품에 있는 줄 알아서 밖을 향해 찾지 마라. 마음 이 대로가 부처요 부처 이 대로가 마음이다. 마음을 여의고 부처가 없으며 부처를 여의고 부처가 없다. 지극한 도는 어렵지 않다 오직, 너와 나, 있다 없다, 온다 간다, 네것 내것, 천당 지옥 가리는 것을 꺼린다. 미워하거나 좋아하지만 않으면 훤하여 밝아진다. 이것은 자신을 알고 인과응보를 아는 법화경에서의 부처의 지혜이다.

작은 가랑잎이 두눈을 가리게 되면 저 건너 큰산을 보지 못한다. 이와 같이 사람들은 가랑잎과 같은 편견과 아집으로 살아간다. 그러기 때문에 자신이 참 모습을 보지 못한다. 참으로 안타까운 일이다.

불자들이여, 사상과 믿음보다 더 중요한 가장 소중한 사람이 앞에 있다는 사실을 바로 보라. 내 곁을 떠난 뒤 남는 것은 상처뿐이기 때문이다. 그래서 부처의 지혜를 지닌 사람은 몸을 경솔하게 움직이지 않아 선정을 이루고, 입에 말을 적게하여 지혜를 이루게 한다. 살려거든 칼날위에 서라. 고통은 지혜를 낳고 지혜는 세상을 건진다.

묘법연화경 오백제자수기품 제8요지

그 나라의 중생은 항상 두 가지를 먹나니 하나는 법의 기쁨이 먹는 것이요. 둘은 선정의 즐거움이 먹는 것이니라.

안으로는 은밀히 보살행을 하고 밖으로는 바로 성문이라고 나타내어 작은 것을 하고자 하여 나고 죽음을 싫어하나 실상은 스스로 부처님의 나라를 깨끗하게 하느니라.

중생에게 삼독이 있음을 보이고 또 삿된 견해의 모양을 나타내느니라. 나의 제자는 이와 같은 방편으로 중생을 제도하느니라.

가난한 사람이 이 구슬을 보고 그 마음에 크게 기뻐하고 즐거워하며 모든 재물이 넉넉히 있어 다섯가지 욕심을 이에 스스로 마음대로 하였나이다.

我昔 欲 令汝 得安樂 五欲自恣 於某年日
아석 욕 령여 득안락 오욕자자 어모년일

月 以無價寶珠 繫汝衣裏
월 이무가보주 계너의리

　부처님 석가세존의 가르침은 대승의 불 지혜를 목표로 한
다. 미다라니의 아들인 부루나가 있었다. 부처님을 따라 계
속 수행을 하고 사람들에게 가르침을 설할 것을 허락받았
다. "설법제일 부르나"라고 부처님으로부터 칭찬받을 정도
의 탁월한 변론가였지만 항상 자제하고 깨달은 기분을 밖
으로 나타내지 않는 겸손가였다. 부처님은 "불교를 널리
전하기 위하여 만약 생명을 버리는 일이 있더라도 오히려
그것을 감사히 여기겠습니다." 라는 부루나의 결심을 높이
평가하고 있었다.

　아직 깨달음을 얻지 못했으면서 깨달은 척 하는 사람들이
많은 데도 부루나의 태도는 전혀 그렇지 않다. 도리어 겸손
하여 더욱 돋보였다. 대중들이 모두 모여 있는 것을 보고
부처님은 부루나에게 수기를 주려고 생각했다. "대중들이
여, 여기에 있는 부루나는 많은 설법자들 중에서 특히 변론
이 뛰어나 많은 사람에게 조리 있게 부처의 가르침을 설하
여 크나큰 이익을 가져다주었다. 또한, 부루나는 과거 구십

억의 모든 부처님의 처소에서도 변론으로서 많은 사람에게 법을 설해 왔던 것이다. 누구나 법을 설할 때는 자기를 당연히 위엄있게 보이려고 하지만 이 부루나는 완전히 자기를 버리고 부처님의 가르침을 설해 왔었다.

부루나는 최후의 마지막까지 이 사바세계를 정토로 만들기 위하여 결심하고 부처님께 지극한 공양을 올리며, 중생구제에 정열을 불태우고 있다. 이 부루나야 말로 차츰차츰 보살도를 완성하여 무량 아승지겁의 긴 세월이 지난 후에 반듯이 성불할 것이다. 그때 부처의 이름을 법명여래라고 부르며 아름다운 불국토를 만들 것이다.” 그리고 부루나의 수기를 마음속으로 기뻐하고 있는 오백제자에게도 성불의 보증을 부여하여 부처님의 제자로서 수행할 것을 격려했다.

법좌에 줄지어 앉아 있는 많은 사람들도 부처님으로부터 부처가 될 수 있다는 보증을 받고 용기를 내어 정진할 것을 다짐하면서 수기를 받은 대중들은, “옷 안에 든 보석구슬의 비유”로서 부처님을 찬양하였다. 바로 자기 자신들의 마음속에 보배 구슬인 불성이 있다는 사실을 인식하지 못한 채 “작은 법에 집착”하다가 부처님의 가르침으로 대승의 길을 가게 되었음을 솔직하게 표현한 것이다.

[오백제자 수기품]은 과거에 구십억겁이나 되는 부처님을 받들어 모셔 왔던 부루나에게 수기를 준 것을 비롯하여 오백 제자들에게도 수기를 보증한 후에 많은 제자들에게도 성불의 보증을 약속 해주고, 다시 "옷 속에 보배(참지혜)"를 통하여 부처님은 모든 사람과 함께 항상 있음을 제시하고 있다. 모든 생명과 사람이라면 모두가 부처가 될 수 있다 라는 수기며 약속이다.

사람은 보통 적당히 게으르고 싶고, 적당히 재미있고 싶고, 적당히 편하고 싶어한다. 그러나 그런 적당히의 그늘 사이로 귀중한 시간을 헛되이 빠져나가게 하는 것처럼 우매한 짓들은 아플 수 만도 없는 마음인데, 그 마음을 아파하고 있는 중생들에게 삶을 부처의 지혜로 살도록 하신 말씀이 법화경이다.

세상 사람들이 부처님의 가르침을 가치가 있게 실천하려면 무엇보다 먼저, 가족끼리 오손 도손 대화가 많아 져야 한다. 그런데 사회는 그렇지 못하다. 배가고프면 먹을 줄 알고 사람마다 잘 알면서 자기 마음 고칠 줄 모르는 사람이 요즘 너무 많은 것 같다.

자기 가정을 한번 들여다 보라, 한 사람은 친구나 동료하고 밖에서 시간 다 보내고, 한 사람은 안방에서 드라마에 빠져 있고, 한 사람은 골방에서 게임에 중독되어 살아가는 사회 참으로 한스럽다. 말만 가족이지 마음과 마음은 무관심 속에서 마음과의 철벽이다. 이렇게 하루 하루를 모두 철위산 무간 지옥으로 만들어 가면 쓰겠는가. "주머니 속에 구슬 보배를 꺼내어 쓰라" 내년 타령만 하지 말고, 가족들이 한자리에 모여 앉아 정을 나누고, 속마음을 들어내어 진실을 나누고, 대화와 소통으로 가정에서부터 훈훈한 인간 사회를 잘 만들어 가면 쓰겠다.

불자들이여 가까운 사람과 함께 할 적에는 서로 양보하고 다투지 말며 서로 도와주고 보호하며 옳고 그른 것을 따지지 말며 모여 앉아 잡담하지 말며 남의 허물을 말하지 말며 차례를 어기지 말며 자기흉을 드러내지 말아야 한다.

묘법연화경 수학무학수기인품 제9 요지

세존께옵서는 지혜의 밝은 등불이시라, 저희는 수기로 증명해 주시는 소리를 듣자옵고 마음에 기쁨과 즐거움이 가득차서 감로를 뿌려 주심과 같사옵니다.

汝於來世當得作佛
여 어 래 세 당 득 작 불

불제자는 모두 시방국토에서 성불한다. 부처님 석가세존께 끝없는 공양을 올린다며 수행하던 많은 아라한들이 성불의 보증을 약속 받고 크게 환희하는 것을 본, 아난과 라훌라 두 사람은 부처님에게 성불의 보증을 약속 받고 싶다고 소원 하였다.

아난은 부처님의 사촌동생으로 소년시절부터 부처님을 따라다니며 시자의 역할의 역할을 훌륭하게 수행했다. 또, 라훌라는 부처님이 출가하기 이전에 탄생한 아들이었다. 부처님은 두 사람의 희망을 들어주려고 생각했기 때문에 즉시 대중에게 말했다. "아난아, 너는 지금부터 62억의 모든 부처님을 공양하고 부처님의 가르침을 후세에 전하는 일을 하고 그 후에 깨달음을 얻어 산해혜자재통왕불이라는 이름으로 성불하리라. 그 나라의 이름은 상립승번(常立勝幡)이며 그 나라는 맑고 깨끗하여 유리로 땅이 되고, 시대의 이름은 묘음변만(妙音遍滿)이며, 그 부처님의 수명은 무량 천만억 아승지겁이니라."

아난은 부처님의 가르침을 많이 듣고 실천하려고 정진했기 때문에 누구의 눈에나 성문으로 보였지만, 아난은 부처님과 동시에 발심해서 계속 함께 정진해 왔음을 부처님은 설명하고 이타행(利他行)의 실천에 대한 중요성을 역설했던 것이다.

다음으로 부처님은 라훌라에게 수기한다. "내가 태자였을 때, 라훌라는 나의 장자로 태어났다. 내가 성불한 후 나의 제자로 가해서 계속 수행했다. 미래세에도 무량한 부처님들의 장자로 태어날 것이다. 도칠보화여래가 되어 아난과 똑같은 나라에 살며 또한 수명도 같다." "오는 세상에서 헤아릴수 없는 억만 부처님을 뵈옵고, 그때마다 부처님 큰 아들이 되어 한 마음으로 불도를 구하리라. 라훌라의 밀행을 오직 나만이 아느니라"

이 말을 듣고 주위에 있는 수학무학의 이천 인과 대중들은 크게 동하여, 부처님을 찬양하며 예배 합장했던 것이다. 그 때, 부처님은 아난에게 물었다. "아난아, 이 수학무학인들을 어떻게 생각하는가." 아난은 망설이지 않고 "훌륭한 사람들입니다." 라고 대답하고 수기를 부여하길 원했다. 부처님은 즉석에서 "무량 제불에게 공양하고 불법을 보호하고 지녀가며 수학 무학인들은 반드시 보상여래가 될 것이다." 라고 수기했다. 2천인의 수학, 무학인들은 크게 환희하고 부처님에게 예배를 올렸다. 아난과 라훌라도 기쁨을 감추지 못하고 이천 인의 사람들과 함께 중생구제의 이타행을 실천하여 불공하기를 맹세 하였다.

[수학무학인수기품]은 이타행을 계속 실천해 온 아난과 라훌라 두 사람이 수기를 받고, 그리고 수학(수행하고 있음) 무학(수행을 완료)인들도 여래가 될 수 있다는 성불의 수기를 받고 약속으로 환희하는 모습을 기술하고 있다. 자비 보시가 법왕자니라 하였다.

이기심을 버린 담담한 마음, 인간의 도리를 알고 가치를 아는 마음, 모든 것을 배우려고 학구적인 자세, 이러한 마음을 가지고 있는 집단이야 말로 발전하게 된다. 이러한 집단은 모두를 위하여 공생공존(共生共存)을 위하고 동체대비(同體大悲)의 나눔의 보살도를 실천하는 부처님의 지혜인 법화행자(法華行者)들은 모두가 불자들이다.

불자가 자기 공덕은 닦지 않고 남의 걱정 말한다면 자기에겐 이익 없이 공연스레 세월만 간다. 나눔의 보시 공덕을 위하여 보살도 실천 수행하는 사람에게는 부처님이 칭찬하고 악업을 쌓아가는 사람들은 부처님의 근심을 사게 하는 자들로서 반듯이 내생에 고통이 약속 된다.

만약 세상 살이에 위로 받겠다는 생각은 삶이 점점 더 힘들게 느껴지며 지루한 인생살이가 된다. 그 누구도 만족할 만큼 위로해 줄 수가 없다. 인생을 살면서 고마움을 많이 느낄수록 더 행복해지는 것이다.

그래서 도가 사람을 멀리하는 것이 아니라, 사람이 스스로 멀리한다 하였으며, 내가 착하려면 착함에 이른다고 하였으니 진실로 옳지 않은가.

자신을 약하게 만드는 것들은 자신의 가치를 다른 사람으로부터 인정받고 싶어하고 검증받고 싶어하는 욕망 때문이다. 비록 작은 일이지만 누군가를 도와줄 생각을 하는 것은 나빠졌던 기분을 좋아지게 하는 기도이며 불공이 된다. 세상을 이익과 안락을 주는 사람을 진정한 걸식자라 하여 거지(巨指)라 하였다. 이를 일러 대승적 보살이라 하며 부처님께 불공 잘하는 사람이라 한다.

묘법연화경 법사품 제10 요지

    여래가 멸도한 뒤에 만약 어떤 사람이 이 법화경을 듣되 이에 한 게송이나 한 구절에 이르러서 한 생각으로 따라 기뻐하는 자에게는 내가 반듯이 더불어 위없이 높고 바르며, 크고도 넓으며, 평등한 깨달음의 수기를 주리라.

    만약 다시 어떤 사람이 법화경의 이에 한 게송에 이를 지라도 받아서 가지고 읽고 외우며 풀어서 말하고 써서 베끼면서 이 경권을 공경하되 부처님과 같이 보고, 꽃과 향과 영락과 가루향과 바르는 향과 사르는 향과 비단일산과 장재 끝에 용머리 모양을 만들고 깃발을 단 것과, 부처님과 보살의 위엄과 덕을 표시하는 장엄도구인 깃발과 의복과 재주와 음악으로 가지 가지로 공양하고 이에 합장하고 공손히 공경하는데 이르러면 약왕이여 마땅히 알지니라.

    이러한 모든 사람들은 이미 일찍이 십만억 부처님께 공양하고, 모든 부처님의 거처에서 큰 서원을 성취 하였으되 중생을 불쌍히 여긴 까닭으로 이 인간에 난 것이니라.

약왕이여, 만약 어떤 사람이 묻되, "어떠한 중생들이 미래 세상에 마땅히 부처님 지음을 얻겠는가" 하면 응당히 이러한 모든 사람들이 미래 세상에 반듯시 부처님 지음을 얻으리라고 가리켜라.

만약 악한 사람이 있어 착하지 못한 마음으로써 일겁 동안에 부처님 앞에 나타나서 항상 부처님을 헐뜯고 욕할지라도 그 죄는 오히려 가볍거니와, 만약 사람이 한 마디의 악한 말로써 집에 있는이나 출가한이의 법화경을 읽고 외우는 자를 헐뜯고 비방하면 그 죄는 심히 무겁느니라.

만약 부처님의 도에 머물러서 자연 지혜를 성취하고자 하면 항상 마땅히 부지런히 법화경을 받아 가지는 자에게 공양 할지니라.

그 어떤 이가 일체 가지 가지 사리에 밝은 지혜를 빨리 얻고자 하면 마땅히 이 경을 받아서 가질 것이며 아울러 가진 자에게 공양 할지니라.

만약 법화경을 받아서 가지고 있는 자는 마땅히 알지니 석가모니 부처님의 변화신으로 모든 중생을 중생을 불쌍이 여기고 살리는 자이니라.

능히 법화경을 받아서 가지고 있는 자는 모두 맑고 깨끗한 나라를 버리고 중생을 불쌍히 여기는 까닭으로 여기에 나느니 마땅히 알지니라.

이와 같은 사람은 나고자 하는 바를 마음대로 하느니라.

능히 이 악한 세상에 널리 위없는 법을 설하나니 응당 하늘의 꽃과 향과 그리고 또 하늘의 보배 의복과 하늘 위의 묘한 보배 무더기로써 법을 설하는 자에게 공양을 할지니라. 내가 멸한 뒤 악한 세상에 능히 이 경을 가지는 자에게는 마땅히 합장하고 절을 하며 공경하되 세존께 공양함과 같이 할지니라.

약왕이여, 이제 너에게 이르노니 내가 설한 바의 모든 경과 이 경 가운데서 법화경이 제일이니라. 내가 설한 바의 경전은 헤아릴 수 없는 천만억이니, 이미 설하였고 지금 설하며 미래에도 설할 것이니와 그러나 그 가운데에서 도 이 법화경이 가장 믿기 어렵고 이해하기 어려움이 되느니라.

만약 경권이 머무는 바의 곳에는 모두 응당히 일곱가지 보배로 된 탑을 일으켜 극히 높고 넓게하여 아름답게 꾸미되 모름지기 다시 사리를 모시지 말지니라. 까닭은 무엇인가 하면 이 가운데에는 이미 여래의 온몸이 있기 때문이니라.

만약 사람이 이 경을 설하려면 응당히 여래의 들어가서, 여래의 옷을 입고, 여래의 자리에 앉아야 많은 이와 살아도 두려울 바 없어서 널리 분별하여 설하게 되느니라. 대자비가 방이 되며 부드럽고 온화하며 욕되는 것을 참는 것은 옷이 되고, 모든 법이 공한 것이 자리가 되니 여기에 살면서 법을 설할지니라.

만약 내가 멸도한 뒤에 능히 이 경을 설하는 자에게는 내가 변화한 사중인 비구, 비구니와 그리고 청신사, 청신녀를 보내어 법사를 공양하게 하고 모든 중생을 인도하여 모아서 이에 법을 듣게 하리라.

만약 사람이 악하게 칼과 막대기와 그리고 또 기와와 돌로 때리려고 하면 곧 변화한 사람을 보내어 그를 위하여 지키고 보호하게 하리라.

是善男子善女人　入如來室　著如來衣　坐如
견선남자선여인　입여래실　착여래의　좌여

來座　爾乃應爲　四衆廣說斯經
래좌　이내응위　사중광설사경

비난과 공격에는 부처님을 생각하며 인욕하라. 부처님 석가세존은 출가와 재가자 모두가 법화경을 믿고 세상에 알리고자 하는 사람들은 모두 법사로 통칭하고 있다. 그리고 부처님은 그 법사의 마음가짐에 관해서 약왕보살에게 이르는 형식을 취하여 제시하였다.

"이경은 모든 부처님이 비밀리에 마음속에 간직하고 설하지 않았던 경이다. 경중에 제일가는 중요한 경전이다. 함부로 설해서도 안된다. 모든 부처님이 소중히 수호해온 경전이기 때문이다." "약왕아, 내가 설한 법화경의 한 게송이라도 좋다. 한 구절이라도 좋으니 그것을 듣고 한 순간이라도 감사한 생각을 갖고 받아 기뻐하는 사람에게 나는 수기를 주리라. 장차, 그 사람은 반드시 아뇩다라삼먁삼보리(불지혜)를 얻을 것이다." 기도수행은 누구나 성취하리라.

부처님의 이 말을 듣고 오랫동안 수행을 계속해 온 사람들은 감탄했다. 지금까지 수기를 받은 사람들은 모두 오랫동안 '부처의 지혜'를 배우고 실천해 온 사람들 뿐이었다. 그런데 부처님은 여기에서 갑자기 하나의 게송이라도 좋고 한 구절이라도 좋다. 그것을 듣고 감사히 생각하는 사람은 모두 성불할 수 있다는 보증을 주겠다고 하는 취지이다.

법화경의 한 게송 한 구절을 듣고 감사하다고 생각하는 마음은 진실로 법화경의 씨앗이 뿌려져 싹트려고 하는 순간이다. 지금부터 이 싹을 장시간에 걸쳐 길러간다. 법화경 수지의 첫 걸음이 시작됨을 예고한다. 그리고 경청, 독송, 암송, 해설, 서사로 발전시켜, 무명에 괴로워하는 사람들에게 차츰차츰 구제의 발길을 넓혀 가게 되는 것이다.

거듭 부처님은 약왕보살에게 이르셨다. "내가 멸도한 후 악한 세상에서 법화경을 수지하고 세상에 널리 홍보해 나아갈 때 세상의 박해가 있더라도 두려워하지 말고, 여래의 대자비심을 전선에 넘쳐흐르게 하여 유화인욕의 마음으로 인내하며 일체평등의 신념을 갖고 조금도 동요하지 말고 실천하라." 중생을 다 건져라. 허공계가 다하고 중생계가 다 할때 까지.

이와 같이 부처님은 부처님의 가르침을 중도에 포기하지 말고 끝까지 실행할 것을 강조했다. 법화경은 진실로 실천을 중심으로 한 부처님의 가르침이다.

[법사품]은 법화경의 한 게송 한 구절이라도 듣고 감사의 마음을 갖는 그 순간에 이미 종자는 뿌려져 싹이 트기 시작하며 이 싹을 소중히 길러가기 위한 헌신적인 마음가짐에 대하여 상세히 역설해 놓았다. 어떻게 하면 부처가 될 수 있는가. 어떠한 사람이 부처가 될 수 있는가. 그리고 법을 설하는 법사의 마음가짐이나 법을 설하는 법사의 공덕을 구체적으로 기술한 것이다.

작은 일에 성실한 이를 보고 우리는 큰 일에도 성실하리라 믿게 된다. 사소하고 작은 약속을 어김없이 지키는 사람은 큰 약속도 틀림없이 지키리라 믿게 된다. 작은 일에 최선을 다하는 사람은 큰 일에도 최선을 다하게 된다는 것을 일깨워주는 일이 법화경을 실천하는 5종 법사이며 불자들이라 부른다. 작은 일에도 최선을 다하는 불자들은 일상적인 삶이 부처님의 가르침과 수행자에게 올리는 삼보 공양하는 불공이 얼마나 소중한가를 아는 자이다.

불공이란 은혜를 실천하는 것인데 불공할 줄 모르고, 오늘 하루가 고마운 줄 모르고, 사치와 허영심으로 제 허물은 못 보면서 남의 잘못을 들춰낸다. 뜻 모르고 떠드는 것 모두가 자기 허물의 자랑이다. 부처님의 경전을 실천하여 자기 먼저 바로하고, 남을 향해 가르치고 자기 허물 벗어나서 남의 허물을 말해 줘야 한다.

불자들이여, 낙숫물이 강물이 된다. 작은 선행을 쌓아 가라. 인생. 너무 어렵게만 살지 말라. 내가 옳은 것이 중요한 것이 아니고, 같이 행복한 것이 더 중요함을 알면된다. 문이 없는 천당이지만 가는 이가 적은 것은 자기만 옳아 탐욕과 분노와 어리석음으로 자기 재물처럼 여기는 탓이요, 유혹 없는 지옥에 빠져 들어가게 되는 것은 오욕 락을 보배로 삼은 탓이라 한다.

인생을 어렵게 살아가는 윤회의 고리는 광막한 감옥과 같다. 그것은 죄수들을 탐욕에 빠트려 자신이 자유가 박탈된 사실로 부터 눈이 멀게끔 만들기 때문이다. 선행 가운데 제일가는 선행은 이웃에 부처님의 가르침으로 공양하는 불공이다. 참다운 불자에게는 지옥 천당 극락이라는 이름 조차 없다. 오직 백척 간두에 서 있을 뿐이다.

묘법연화경 견보탑품 제11 요지

　이 때에 보배탑 가운데에서 큰 음성이 나와서 찬탄하시어 말씀하시되, 거룩하시고 거룩 하시옵니다. 석가모니 세존이시여, 능히 평등한 큰 지혜로써 보살을 가르치는 법이며 부처님께옵서 생각하시어 보호하시는 바이신 법화경을 대중을 위하여 설하시나니 그와 같고 그와 같으나이다. 석가모니 세존께옵서 말씀하신 바와 같은 것은 모두 바로 진실이옵나이다.

　모든 나머지 경전의 수가 항하사 같으나 비록 이런 것들을 설할지라도 가히 어려움이 되지는 않거니와, 만약 수미산을 잡아서 다른 방위의 수 없는 부처님 국토에 던져 두기는 또한 어려움이 되지는 않거니와, 만약 발가락으로 대천세계를 움직여 멀리 다른 곳으로 던지기는 또한 어려움이 되지 않거니와, 만약 유정에 서서 중생을 위하여 헤아릴 수 없는 나머지 경을 설명하여 말하기는 또한 어려움이 되지는 않거니와, 만약 부처님 멸하신 뒤 악한 세상 가운데에서 능히 이 경을 설하는 이것이 곧 어려움이 되느니라.

가령 하여금 어떤 사람이 손으로 허공을 잡아쥐고 그리고는 놀러 다니는 것은 또한 어려움이 되지는 않거니와 내가 멸한 뒤에 만약 스스로 써서 가지거나 만약 사람을 시켜서 하면 이것이 곧 어려움이 되느니라.

만약 큰 땅을 발톱 위에 올려 놓고 범천에 올라가는 것은 또한 어려움이 되지는 않거니와 부처님이 멸도한 뒤에 악한 세상 가운데에서 잠깐이라도 이 경을 읽는 이것이 곧 어려움이 됨이며, 가령 하여금 겁이 타는데 마른 풀을 짊어지고 가운데 들어가서 타지 않게 하기는 또한 어려움이 되지는 않거니와 내가 멸도한 뒤에 만약 이 경을 가지고 한 사람을 위하여 설하면 이것이 곧 어려움이 되느니라.

만약 팔만 사천 법의 곳집과 12부경을 가지고 사람을 위하여 설명하고 말하여 모든 듣는 자로 하여금 여섯 가지 신통을 얻게 하는 비록 능히 이와 같이 하기는 또한 어려움이 되지는 않거니와 내가 멸한 뒤에 이 경을 듣고 이 경을 듣고 받아서 그 뜻이 향하는 바를 묻는 이것이 곧 어려움이 되느니라.

만약 사람이 법을 설하여 천만억의 헤아릴 수 없고 수없는 항하사의 중생으로 하여금 아라한을 얻게 하고 여섯가지 신통을 갖추게 하는 비록 이러한 이익이 있어도 또한 어려움이 되지는 않거니와 내가 멸한 뒤에 만약 능히 이와 같은 경전을 받들어 가지는 이것이 곧 어려움이 되느니라.

내가 부처님의 도를 위하여 헤아릴 수 없는 국토에서 처음으로 지금에 이르도록 널리 모든 경을 설하였으나 그러나 그 가운데에서 이 경이 제일이니 만약 능히 가지고 있으면 곧 부처님의 몸을 가짐이니라.

誰能於此 娑婆國土廣說 妙法華經 今正是時
수 능 어 차 사 바 국 토 광 설   묘 법 화 경   금 정 시 시

법화경은 참된 진리이다. 지하에서 칠보의 아름다운 탑이 돌연 용출하여 지상의 사람들을 압도한다. 칠보의 탑은 허공에 떠 있고 그 속에서 다보여래의 맑은 음성이 들려온다. "참으로 훌륭합니다. 부처님 석가세존께서는 '모든 중생은 평등하게 불성을 가지고 있다.'라고 하는 법화경을 대중에게 선설하셨습니다. 법화경은 참된 진리입니다."

모여 있던 사람들은 황홀한 광경과 하늘에서 맑게 울려퍼지는 다보여래의 우렁찬 목소리에 의아해 하면서도 감격에 쌓여 있었다. 그때, 대요설보살이 사람들의 마음을 관찰하고 부처님 석가세존에게 가르침을 간청했다.

그러자 부처님은 "이 보탑 속에는 부처님이신 다보여래가 계신다. 일찍이 다보여래가 아직 보살의 수행을 하고 있었을 때, 하나의 대 서원을 세우기를 내가 성불한다면 법화경이 설해지고 있는 곳은 어느 곳이라도 반드시 몸을 나타내어 법화경이야 말로 참 진리임을 분명히 증명할 것이라고 맹세했다. 그래서 지금 법화경이 설해지고 있는 이 땅에 지하에서 용출하여 증명해 주는 것이다."라고 설명했다.

33천은 하늘의 만다라 꽃을 비가 오듯 뿌려 보탑에 공양하고, 다른 천만억 무리들이 온갖 꽃과 향과 보배 깃발 음악으로 이탑에 공양과 찬탄을 하고, 사람들은 다보여래를 친견하여 예배를 올리고 싶다고 석존에게 간청하자, 부처님은 백호의 아름다운 광명을 내어 시방세계 곳곳을 밝게 비추었다. 거기에 머물고 있는 많은 부처님들 역시 석가모니 부처님의 처소로 가서 다보여래를 예배하고 싶다고 원하여 한결같이 처소로 모여 들었다. 그때, 사바세계는 무수한 부처님들에 의하여 아름답고 청정한 국토로 변하고 광명으로 충만되었다.

부처님이 다보여래에게 인사를 보내자 큰 음향과 함께 문이 열리고 칠보탑 안에 있는 다보여래의 모습이 보였다. 그리고 청량한 목소리가 들려왔다. "참으로 훌륭하십니다.

지금 나는 석가모니 부처님께서 설한 [법화경]을 증명하기 위하여 이 곳에 온 것입니다." 그렇게 말하고 다보여래는 자리를 반분하여 부처님에게 드렸다. 사람들은 공중에 떠 있는 칠보탑에 가까이 가고 싶다고 원하자 부처님의 신통력으로 다른 부처님들과 함께 공중으로 떠올라 다보여래를 예배할 수 있게 되었다.

[견보탑품]은 보탑이 지하에서 용출하는 모습으로 시작된다. 용출한 보탑이란 우리들의 불성을 의미하며, 다보여래는 항상 변하지 않는 진리의 상징이다. 지하에서 용출했다고 하는 표현은 부처님은 천상의 가장 높은 곳에 있으며 동시에 이 사바세계에 존재하는 모든 사람들의 마음 속에 있음을 암시한다. 곧 진리인 법화경을 수지하고 독송하며 해설하고 서사하는 사람에게는 부처님의 위대한 힘이 용출됨을 설하고 있다.

자신의 내면에 부처님의 불성인 위대한 힘이 용출됨을 들여다보라. 현묘하여 헤아리기 어려울 것이다. 이름도 없고 모양도 없건만 큰 신통력을 가졌다. 천 가지 재앙을 소멸하고, 만 가지 공덕을 성취한다. 형체의 본성은 텅 비었으나 능히 법칙을 베푼다. 보기에는 형상이 없지만 부르면 대답 있으니 참으로 신기하고, 신통할 것이다.

부처님은 세상에서 복중에 제일가는 복이 인연 복이라 하였다. 우리의 행복은 지금 이 순간 나와 함께 대면하고 있는 부처님의 화신인 인연들이다. 그래서 그들은 모두 나에게 축복이다. 나를 대하고 있는 그 들도 그 들에게 내가 축복이 되어 준다. 그러기 때문에 지금 나는, 세상을 위하여 존재하고 있음이 위대한 가치임을 알아야 하고, 마땅히 세상 사람들의 모든 공양과 예경을 받아야 마땅하다.

참 진리가 무엇일까.

나도 모르게 나는 변하고 있다. 그리고 지금도 변하고 있다 과거에 집착하며 세상과 사람들이 모두 변한다고 한탄할 것이 없다. 과거 잘못된 습성의 고정 관념이 왜 변하지 않는가 한탄이나 하면 좋겠다. 과거의 틀에 맞추어 현재를 재단하려 하니 슬픈 일이다. 지금 변화를 무조건 수용해야 한다. 원하든 원하지 않든 세상과 우리의 삶은 계속 변하고 있다. 변하고 있는 세상에 존재하고 있는 것들은 모두가 존귀한 것들이다. 자신의 되어가는 꼴(性)이 변하고 있는지 지켜봐라.

부처님 만나기 어렵다는 생각을 언제나 일으켜라. 보살도을 닦는 마음이 늘 새로울 것이요.

다행이다는 마음을 언제나 가지면 끝내 실증이나 없는 보살의 원력이 성취된다. 자연히 자비와 지혜로서 인간과 천상에 있어서 큰 복밭이 되리라.

묘법연화경 제바달다품 제12 요지

미리 세상 가운데 만약 어떤 착한 남자 착한 여인이 법화경의 제바달다품을 듣고 깨끗한 마음으로 믿고 공경하며 의심과 미혹을 내지 않는 자는 지옥 아귀 축생에 떨어지지 아니하고 시방 세계에 모든 부처님 앞에 나며 나는 바의 곳에서 항상 이 경을 들을 것이며, 만약 사람이나 하늘 가운데 나면 뛰어나게 묘한 즐거움을 받을 것이며, 만약 부처님 앞에 있으면 연꽃에 화하여 나느니라.

娑婆世界 三千衆生 住不退地 三千衆生 發
사바세계 삼천중생 주불퇴지 삼천중생 발

菩提心 而得授記
보리심 이득수기

누구나 사람은 다 선지식이다. 부처님 석가세존은 지금까지 '부처의 지혜'를 구하려는 사람들을 대상으로 설법을 해왔다. 영축산에는 부처님의 설법을 방해하지 않고 듣기 위해 모였던 사람들만 있었다. 그때, 부처님은 악명 높은 비구 제바달다가 선지식으로 과거에 선인과 만났던 숙세인연에 대하여 이야기한다.

"내가 과거세에 어떤 나라의 국왕이었을 때 왕위, 재산가족 버리고 무상의 지혜를 구하려고 결심하였다. 그때 아사선인이라고 하는 뛰어난 스승을 모시고 천 년 동안이나 한 번도 게을러 태만하거나 싫증내지 않고 법을 배웠다." 아시타 선인 즉 달다 선지식 때문에 육바라밀, 자비희사, 32상, 80종호, 10력, 4무소외, 4섭법, 18불공법, 신통,도력, 등정각을 이루어 널리 중생을 구제 하게 되었다고 말했기 때문에 사람들은 놀라움을 금할 수 없었다.

지금까지의 상식으로는 도저히 생각할 수 없는 일인 것이다. 제바달다는 부처님의 사촌동생인데, 부처님을 시기하여 무수한 방해와 음모를 꾸몄던 악인이기 때문이다. 뿐만 아니라 부처님의 입에서 "제바달다는 무량겁의 오랜 세월에 걸쳐 불도를 수행하고 언젠가는 부처가 된다."라고 직접 말한 것을 들었기 때문에 사람들은 더욱 놀랐던 것이다.

제바달다의 수기가 끝나자, 다보여래의 시자 지적보살과 문수사리의 문답으로 화제가 바뀌어 간다. 문수사리가 어린 소녀에게 [법화경]을 설하여 깨달음을 얻게 하였다고 말하자, 지적보살 등은 고개를 갸우뚱거리며 "부처님께서도 신명을 바쳐 수행하지 않으면 얻기 어려운 법을 팔세의 나이 어린 용녀가 깨달음을 얻었다고 하는 말은 도저히 믿을 수 없는 일이다."라고 말했던 것이다. 이때, 용녀가 나타나 부처님의 덕을 칭송하고 대승의 가르침을 따라 중생을 구제하겠다는 결심을 한다. 용녀의 말을 듣고 나서 사리불은 "팔세의 어린소녀가 어떻게 부처님의 깨달음을 증득할 수 있겠는가." 하고 물었다. 용녀는 품 속에서 보석 하나를 꺼내어 부처님께 바쳤다. 그러자 보석을 받으면서 용녀를 보고 잔잔한 미소를 지으셨다. "누구나 [법화경]을 진심으로 믿는 정도의 차이에 따라서 성불은 빨리 성취되느니라."

[제바달다품]는 부처님과 당시에 대표적인 악인으로 상징되는 제바달다가 실은 과거세에 부처님의 스승이었으며, '장차 반드시 성불할 것이다.'라는 성불의 수기를 받는 내용과 법화경을 믿는 8세의 용녀가 성불한다는 화제가 중심으로 되어 있다. 자기를 해롭게 하는 악인은 밉다. 그러나 부처님처럼 악인조차도 제바달다의 경우와 마찬가지로 '선지식'으로 받아들이는 은혜로 그 마음을 소유한다면 새로운 인생이 열릴 것이 틀림없다. 세상을 원망하지 마라.

사람들이 생명이 있는 한 실패는 없다고 생각해야 한다. 내가 살아가고 있는 건강이 허락하는 한, 나한테 시련은 있을지언정 실패는 없다. 굳은 결심이 바로 수행이다. 불자의 사명이다. 절망에 휘말릴 때 그 순간, 아! 마왕 파순이 였구나 하고, 척, 알아차리면 만사가 해결 된다. 이것이 법화경의 가르침으로 마음 챙김이다.

주위 환경에서 일어나는 어떠한 시련이나 역경에서도 현실을 부정하지 말라. 낙관하자. 긍정으로 하라. 자신의 업(業)은 자신만이 개선한다. 자신의 업이란 바로 자신의 의도이며 생각이기 때문이다. 그래서 인생은 자신의 것이라 하였다. 나는 부처요, 세상의 주인이며, 운명의 주인이다. 어찌 스스로 자신을 포기할 수 있단 말인가. 오직 선업(善業)으로 수호신을 삼아라. 업은 자신이 찰라 찰라 만들어 가기 때문에 한 생각만 바뀌게 되면 모두가 개선된다.

누구나 인간은 역경 속에 일을 해야하고 그 일이야 말로 법신(法身)이 주신 축복이다. 그래서 행복은 자신이 하는 일이 조금씩 나아져 가는 가운데 있는 것이다. 지혜로운 이는 마음을 놓아 버리고 자유자재 한다. 부처의 마음은 실체가 없는 것이라 하였다. 그러나 본 체성의 성품이 없다고 말하지 않는다. 능히 인연을 쫓아서 색신을 부려 삿됨을 짓고 바른 것도 짓기 때문이다. 그래서 수행하는데 장애를 벗으로 삼아야 한다. 제바달다품에서 수행에 장애는 과거에 지어놓은 자기의 업식(業識)에서 비롯 됨을 시사하고 있다. 한 마음이 청정할때 법계가 청정하다는 부처의 지혜이다. 불자들이여, 세상 살이에 어떠한 역경이나 어려움에 부딪치더라도 변명하거나 좌절하지 말고 오직 마음챙김의 수행으로 극복하고 겸허하게 받아 들여라. 어째서 남의 탓이라 할까 먼저 업장소멸(業障消滅)부터 해야 된다.

묘법연화경 권지품 제13 요지

　세존이시여, 저희들도 여래께옵서 멸하신 뒤에 시방세계에 두루 왔다갔다 돌아다니며 능히 중생으로 하여금 이 경을 써서 베끼며 받아서 가지며 읽고 외우며 그 뜻을 풀어서 말하며 법과 같이 닦아 행하며 바르게 기억하여 생각하게 하오리다. 모두 이것은 부처님의 위력 이옵니다.

　흐린 겁의 악한 세상 가운데에는 모든 무섭고 두려운 것이 많이 있으며 악한 귀신이 그 몸에 들어서 저희를 욕설하고 꾸짖으며 험담하며 수치당하게 할지라도 저희들은 부처님을 공경히 믿으므로 마땅히 욕되는 것을 참는 갑옷을 입고 이 경을 설하기 위한 까닭으로 이 모든 어려운 일을 참으며 저희는 몸과 목숨을 사랑하지 아니하고 다만 위없는 도를 아끼오리라.

有諸無智人 惡口罵詈等 及加刀杖者 我等
유제무지인 악구매리등 급가도장자 아등

皆當忍
개 당 인

　나는 여래의 사도다. 인욕의 마음으로 박해를 이기리라. 약왕보살과 대요설보살은 많은 보살들과 석존을 우러러보며 맹세했다. 불공을 위해서라면 목숨을 내놓겠습니다.

　"부처님 석가세존이 입멸한 후, 우리들은 힘을 합하여 법화경을 널리 설하여 중생들을 계속 구제하겠습니다. 남은 악세의 중생은 착한 일을 하려고 하는 마음이 점차 약화되고, 증상만의 마음을 지닌 사람들이 증가할 것이라고 생각됩니다. 더욱이 공양을 받을 자격이 없는데도 공양을 탐하고 타인을 미워하거나 원망하거나 시기하는 혼미의 속에서 벗어나려고 노력하는 일조차도 없을 것입니다. 그러한 무명의 중생들을 교화하는 일은 매우 힘든 일입니다만 대 인욕의 마음을 일으켜 법화경을 널리 배포하려는 부처님의 기대에 부응할 것 입니다."

　대중 가운데 오백 인의 아라한과 학, 무학의 6천인도 부처님에게 똑 같은 맹세를 하였다. 그것을 본 부처님의 이모 마하파자파티 비구니(교담미)는 눈 하나 깜박하지 않고 부처님을 쳐다보았다. 부처님은 그 마음을 관찰하고 말했다. "교담미여, 어찌하여 그렇게 근심에 쌓인 얼굴을 하고 있는가. 나는 부처의 깨달음을 얻으려는 의지를 갖고 보살도를 행하는 사람에게는 누구라도 성불의 보증을 준다. 너도 예외는 아니다. 수기를 주리라."

마하파자파티 비구니가 수기된 모습을 옆에서 보고 있던 라훌라의 친모 야소다라 비구니(부처님출가 전 왕자였을 때 부인)도 수기를 받고 싶다고 마음 속으로 간절히 갈망했다. 부처님은 그 마음을 잘 헤아리고 있었으므로 그 자리에서 수기를 주어 안심시켰던 것이다. 말법 세상에는 법화경을 박해하는 증상만의 사람들이 많이 있기 때문에 법을 홍포하는 데에 많은 어려움이 따름을 부처님은 분명히 간파하고 있다.

'말세에는 깨달은 듯한 얼굴을 하고 물욕이나 권세욕에 집착하여 부자나 권력자를 위하여 법을 설하며 대중을 무시하는 경향도 종종 나타남에 틀림없다. 또한 법화경을 설하는 것에 대하여 권력자들로부터 많은 박해와 비난도 예상된다. 그런데도 법화경을 널리 배포할 수 있을까.' 이러한 부처님의 생각을 알고 있는 보살들과 많은 부인들은 모두 일심으로 맹세코 법화경을 읽고 외우며, 믿어 지키고 공

경하고 여러 가지로 공양을 올리며 널리 전도할 것을 부처
님에게 굳게 맹세하였다. 중생을 다 건지겠다는 다짐이다.

[권지품]에서는 부처님의 이모 교담미 비구니와 출가 전
의 부인 야소다라 비구니에게 수기를 주고, 여자도 성불 할
것이며, 많은 사람들에게 법화경을 수지하는 데에 따르는
어려움을 극복할 수 있는 용기를 불러 일으켜서 어떠한 박
해에도 인욕하고 부동심(동요없음)을 잃지 말 것을 격려하
는 것이다.

사람들은 누구나 자신들이 절대로 양보할 수 없는 업보
덩어리인 믿음이나 가치관, 생각들이 있다. 내 관점에서 보
면 모두가 정말 옳은데 안타깝게도 상대가 보면 그렇지 않
다. 그래서 법화경의 가르침은 내가 옳은 것이 중요한 것이
아니고 우리가 같이 행복한 것이 훨씬 중요하다는 내용이
다. 잘 난체 비우면 좋으련만, 방하착(放下着)하라. 집착을
내려 놔. 부처의 지혜를 가진 자는 밖에서 어떠한 유혹이나
두려움이 몰려오더라도 모두가 자신에게 있는 줄 알아서
밖을 향해 찾지 마라 . 마음 씀 이대로가 부처요 부처 이 대
로가 마음이라 마음이 밝아 부처임을 알고 부처임이 분명
하여 마음을 아는 것이 부처의 지혜라 한다.

금강경 제 16 능정업장분에서 "만일 사람에게 업신여김

이 되면 이 사람은 선세 죄업으로 마땅이 악도에 떨어질 것이나 금세 사람들이 업신 여김으로써 곧 선세의 죄업이 소멸되고 마땅히 부처의 큰 지혜를 얻으리라."라고 말씀하셨듯이 고통과 아픔을 자신이 안다는 것은 큰 행복이다.

자신의 인생은 자신이 모든 시련을 극복하면서 지금 이 순간까지 가장 멋지게 살아온 자신이다. 이렇듯 권지품에서도 모든 역경을 극복하는 인생의 승리자가 되라는 가르침이다. 인생을 잘못 살아온 것이 지나간 업(業)의 과보라 원망이라 말하거나. 인연법을 모르고 모두가 애초부터 우연한 사건이다 말하거나. 인간과 세상을 어느 하느님이 지음이라 하는 것은 모두가 자신을 바로 보지 못하는 무지의 소견이다.

묘법연화경 안락행품 제14 요지

　만약 보살마하살이 욕되는 것을 참는 지위에 머물러서 부드럽고 온화하며 착하고 순하며 그리고는 불끈 일어나는 성을 내지 아니하며, 마음이 또한 놀라지 아니하며, 또 다시 법에 행한다고 하는 바가 없어야 하며 모든 법을 실상과 같이 관하되 또한 행하지 않고 분별하지도 아니하면 이것을 보살 마하살의 행할 곳이라 이름 하느니라.

　만약 입으로 베풀어서 설하거나, 만약 경을 읽을 때에는 사람과 그리고 또 경전의 허물을 말하기를 즐기지 말며, 또한 다른 모든 법사를 가벼이 여겨 업신 여기지 말며, 다른 사람의 좋고 나쁜 것과 잘한 것과 못한 것을 말하지 말지니라.

　마땅히 일체 중생에게 크게 불쌍히 여기는 생각을 일으키고 모든 여래께서는 사랑해 주시는 아버지라는 생각을 일으키며 모든 보살에게는 큰 스승이란 생각을 일으키고 시방의 모든 큰 보살에게는 항상 응당히 깊은 마음으로 공손히 공경하며 예배 할지니라.

그 사람이 비록 이 경을 묻지도 아니하며 믿지도 아니하고 이해하지도 못하나 내가 위없이 높고 바르며 크고도 넓으며 평등한 깨달음을 얻을 때에는 어떤 곳에 있을 지라도 쫓아서 신통의 힘과 사리에 밝은 지혜의 힘으로써 그를 이끌어서 이 법 가운데 머뭄을 얻게 하리라.

문수사리여, 이 법화경은 헤아릴 수 없는 나라 가운데에서 이에 이름자만이라도 가히 얻어 듣지 못함에 이르거늘 어찌 하물며 얻어 보고 받아서 가지며 읽고 외움이겠느냐. 이 법화경이 중생으로 하여금 능히 일체 지혜에 이르게 하지만 일체 세간에서는 원망이 많고 믿기 어려움이라 먼저 설하지 아니하였던 것을 지금 설하느니라.

이 경을 읽는 자는 항상 근심과 번뇌로움이 없고 또 병과 아픔이 없으며 얼굴빛이 곱고 희며 가난하고 궁하거나 낮고 천하거나 추하고 더러운 데에 나지 않으며 중생이 좋아하여 보되 어질고 거룩한 이를 사모하는 것과 같이하며 하늘의 모든 동자가 심부름꾼이 되며, 칼과 막대기로 치지 못하며 독이 능히 해롭게 하지 못하며, 만약 사람이 악하게 욕을 하면 입이 곧 닫치고 막히며, 노닐며 다님에 두려움 없기는 사자왕과 같으며 사리에 밝은 지혜의 빛이 밝음은 해가 비침과 같으니라.

以此 難信之珠久 在髮中 不妄與人 以今與
이 차 난신지주구 재발중 불망여인 이금여

之 如來亦復 如是
지 여래역부 여시

법화경은 중생의 마음을 청정하게 한다. "어떤 말법의 악세가 될지라도 법을 호지하고 넓히기 위해서는 어떠한 마음가짐이 필요한 것인지 가르쳐 주십시오" 질문하는 문수사리보살에 대하여 부처님 석가세존은 안락한 마음으로 스스로 모든 사람을 위하여 인욕의 경지에서 집착과 분별하지 말고, 잔재주를 멀리하고 좌선을 즐겨 안락함에 나아가도록 하라. 신구의 서원(身.口.意.誓願)의 '네 가지 법'을 설한 것이 이 안락행품이다. 당신도 부처가 되셔야 합니다.

"제1의 법은 항상 인욕의 마음을 갖고 유화선순의 태도로 흔들림 없이 일체 평등심으로 자비행을 하는 일이다. 자기의 행이 훌륭하다고 해서 우쭐대지 말고, 지위나 세력이 있는 사람에게 무언가를 구하기 위해 친근하거나 어떠한 일이라도 반대하는 사람들과 가까이 해서는 안된다."

"제2의 법은 타인의 잘못이나 경전의 흠을 들추어낸다든지, 타인의 장점과 단점을 비판한다든가, 좋아 하거나 싫어하는 마음을 일으켜서는 안된다."

"제3의 법은 질시의 마음을 품거나, 타인에게 무언가를 기대하여 아첨의 말을 사용하거나, 자기의 마음을 속여서는 안된다." 부처님은 제4의 법에 관하여 더욱더 강조한다.

"제4의 법은 모든 사람들을 법화경에 귀의시키려고 하는 서원을 일으켜 신명을 바쳐 이것을 실행하여 가는 일이다."

네 가지의 안락행을 설한 부처님은 법화경이 얼마나 훌륭한 가르침인가를 '상투 속의 구슬'의 비유로 설명한다. "강국의 왕이 주변의 소국을 공격하여 자기의 영토가 되었을 때, 전투에 공이 있는 장수에게 논과 밭, 가축과 보물 등을 주지만, 상투 속에 있는 구슬만큼은 누구에게도 주려고 하지 않는다. 부처님은 지혜로써 삼계를 다스리는 왕이다. 마왕을 차례차례로 공격하여 승리한 보살들에게 포상을 내린다. 선정으로 마음이 흔들리지 않고 해탈하여 인생의 고통을 초월하고 일체의 미망을 소멸하게 하는 정신력을 주었다. 그렇지만 아직 법화경은 주지 않았다. 그런데 지금 법화경을 수지하여 영원히 이 경을 호지하고 일체의 중생을 구원한다고 하는 대 서원을 들었으므로 이 법화경을 설해 주는 것이다."

[안락행품]는 네가지의 안락행을 설하고 '상투 속에 들어 있는 구슬의 비유'로써 법화경의 가르침이 얼마나 중요한 내용인가를 비유로써 밝히고 있는 것이다. 상투속의 구슬은 "제불여래의 비밀의 장이며, 부처의 지혜인 법화경을 말한다." 일체 중생에 대하여 자비의 생각을 일으키고 모든 여래는 자비의 아버지요 모든 보살을 실천의 스승으로 생각하고 이 순간을 힘차게 살아가는 것이 진실한 인생이다.

"남을 의혹케하여 너는 부처되지 못하리라" 우리들은 너무나 주위에 의식하며 살아가고 있다. 그러나 상상하는 것만큼 세상 사람들은 나에 대해 그렇게 관심이 없어함을 깨달아야 한다. 나눔을 함께하려는 사람들아, 남을 의식하며 남을 속이거나 적당이 이익을 챙기려고 애쓰지 말고 인생을 있는 그대로 살아가면 되는 것이니 서로 상처 주어가며 상처 받으며 인생을 너무 어렵게 살지 맙시다.

부처의 지혜로 크게 보라. 자신을 너무 과대 포장하려 다가 모두가 망가 졌음을 알아야 한다. 눈 귀 코 입 몸 생각의 통로에 일체의 법계며 여의보(如意寶)가 있다. 사람들이 오래 도록 그 몸 안에 만 간직하고 있었음을 가슴에 새겨야 한다. 예로부터 부처의 지혜를 가진 불자들은 가슴깊이 새겨온 내용들이다.

친구, 동료, 가족, 내 주위에 사람들의 마음을 편안하게 만드는 것이 참다운 대장부다. 잘알지도 못하는 멀리 있는 사람들이 아무리 나를 존경하면 무엇하나, 바로 내 주변 사람들이 나 때문에 힘들어 괴로워하고 있는데 그것이 진정 행복의 삶이라 할 수 있을까. 고민해봐라.

나 자신 때문에 괴로워 하는 내 주변 사람들의 마음을 애써 바꾸려 하지 말고 오히려 바꾸려하는 내 욕심을 내려 놓는 일이 행복의 안락품이다.

밤길가다가 허물있고 무서운 죄가 있는 사람이 횃불을 들고 길을 인도함을 만났을 때에 사람이 나쁘다고 불빛까지 받지 않으면 구덩이에 빠진다고 하였다. 비록 주변 사람들이 나를 아프게 만들지언정 그들로 나에게 큰 은혜를 베풀고 있다는 사실을 부처의 지혜로 통찰하라.

묘법연화경 종지용출품 제15 요지

이 때에 사중은 또한 부처님의 신력의 까닭으로써 모든 보살이 헤아릴 수 없는 백천만억 국토의 허공에 두루 가득 함을 보았소이다.

이 보살이 많은 이 가운데에는 네 분의 인도하는 스승이 계시니, 첫째 이름은 상행이시고, 둘째 이름은 무변행이시 며, 셋째 이름은 정행이시고, 넷째 이름은 안립행이시었소 이다. 이 네 분 보살께서는 그 많은 이 가운데서 가장 높은 우두머리로서 창도의 스승이었소이다.

너희들은 마땅히 같이 한 마음으로 정진의 갑옷을 입고 굳고 단단한 뜻을 일으킬지니라. 여래는 지금 모든 부처님 의 사리에 밝은 지혜와 모든 부처님의 마음대로 되는 신통 의 힘과, 모든 부처님의 위엄스럽고, 용맹하시며 큰 세력의 힘을 나타냄을 일으켜서 펴 보이고자 하느니라.

如來安樂　少病小惱　諸眾生等易可化度　無
여래안락　소병소뇌　제중생등역가화도　무

有疲勞
유피로

　지용보살은 누구를 의미하는가. 다른 국토에서 석존이 머무는 이 사바세계로 온 보살들은 부처님 석가세존과 함께 법화경을 널리 퍼지게 하여 고해에서 신음하고 있는 중생을 구제하겠다고 말한다.

　부처님은 즉시에 '그만두라'고 하며 말문을 막아버렸다. 그리고 감사의 마음을 갖고 말한다. "이 사바세계에도 많은 보살들이 있어 법화경을 호지하고 독송하며 서사하며 공양하고 있다. 지금부터 한층 더 강한 의지를 갖고 있는 보살들이 많이 나올 것이다." 이 말이 아직 끝나기도 전에 사바세계의 땅이 격렬히 진동하면서 그 속에서 셀 수 없는 많은 보살이 모습을 나타냈다. 그리하여 사바세계는 무수한 보살들로 가득 차 한량없는 광명으로 빛나고 있었다. 이 지용보살은 사바세계에서 고통을 체험하고 법화경을 배워 사바세계를 구하려고 지하의 허공에 머물고 있었다.

　그런데 지금 부처님의 부름을 받고 모두 땅 속에서 용출하여 나타났다. 지하에서 용출한 무수한 보살들은 모두 대중의 지도자였다. 허공에 칠보탑에는 다보여래와 석가모니불이 나란히 앉아 있다. 무수한 보살들 가운데 네 분의 도사가 있으니 최상의 도사였다.

"첫째는 상행이라 불리우고, 두 번째는 무변행이라 불리우고, 세 번째는 정행이라 불리우고, 네 번째는 안립행이라 불리운다." 이 보살들은 모두 한결같이 사홍서원을 마음 깊이 간직하고 있었다. "중생을 다 건지오리다. 번뇌를 다 끊으오리다. 법문을 다 배우오리다. 불도를 다 이루오리다."라는 대승의 서원이 바로 사홍서원이다.

"너는 마땅히 알라. 이 모든 큰 보살은 셀 수 없는 겁으로부터 부처님의 지혜를 닦아 익혔으니 이것은 다 내가 교화하여 도심을 내게 하였느니라. 이들은 다 나의 아들이니라." 미륵보살 등은 도무지 믿을 수 없었다. 의문은 점점 깊어간다. '부처님이 성도하여 지금까지 40년 정도밖에 지나지 않았는데 이렇게 많은 보살들을 어떻게 교화하여 불퇴지에 머물게 할 수 있을까.'하고 불가사의한 일로 여기고 있었다.

미륵보살은 용기를 내어 입을 열었다. "부처님의 멸후에 지금 내가 보고 있는 불가사의한 광경을 아무리 설명해도 사람들이 믿어 주지 않는다면 어떻게 하면 좋겠습니까?"

부처님은 이 의문에 대하여 다음의 [여래수량품제16]에서 명백히 설하고 있다.

[종지용출품]은 중생을 구제하기 위하여 땅속에서 용출한 지용보살 등이 법화경을 홍포할 것임을 기술하고 있다. 사바세계에서 법화경을 홍포하여 그 많은 사람들을 구원하는 역할은 지용보살 등이 담당할 일인데, 지용보살이란 바로 우리 자신의 눈.귀.코.입.몸.의식으로써 불.법.승.삼보 공양은 물론이거니와, 우주에 가득한 모든 생명에게 불공하며, 공양하는 일이 보살행임을 부처님은 말하고 있다.

부처의 지혜를 실천하는 보살들은 이것 저것 생각하지 않고 많이 알지 않는다. 많이 알면 일이 많으니 뜻을 쉬는 것만 못하기 때문이다. 생각이 많으면 잃는 것이 많으니 행동으로 실천하는 부처의 태도 하나만 지킴보다 못하기 때문이다. 또 말이 많으면 실속이 없는 사람이다.

수많은 사람들은 열심히 여러 형태의 믿음을 가지고 있다. 자기가 원하는 차원에서 신앙생활을 한다. 그러면서도 일이 안풀리면 내 탓으로 돌려서 자괴감에 빠지는 경우가 있다. 남을 위하여 기도해 준다더니 오히려 자신이 헤쳐 나오지 못하고 있다. 자신의 아픔이 사실 그게 전부 내 탓이던가. 서로 서로 모두가 함께 겪는 일이다. 사람과의 관계속에서 힘들어하고, 가족 때문에 마음 아파하고, 누군가 함께 있어도 왠지 외로움을 느끼고, 남들로부터 인정받고 싶어하는 그 마음은 다 똑같은 것이다.

　법화경에서 부처님 말씀은 기도하고 남을 위하며, 아플 수도 없는 마음을 아파하고 있는 자신보다 더 나은 자기가 나온다 하였듯이, 주변에서 어려운 일들이 내의지 와는 상관없이 어느 날 문득 손님처럼 찾아오는 생의 가장 중요한 선물이라는 것을 알고, 허공처럼 가득한 인연을 향하여 사랑하며, 감사한다.　소리 소문 없이 찾아든 벌.나비가 꽃을 찾아 다니지만 그 꽃에 상처를 남기지 않듯이 매사에 공양을 올리며 서원으로 불공(佛供)을 올린다.
　부처님 지난 세월 지은 공덕이 적어 이제부터 부지런히 노력하겠습니다. 내가 원수라 생각이 드는 사람이 나에게 크나큰 복을 갖어다 주는 자임을 이제야 알겠습니다.

묘법연화경 여래수량품 제16 요지

　이 때에 부처님께옵서 모든 보살과 그리고 또 일체 대중
에게 이르시되, 모든 착한 남자여 너희들은 마땅히 여래의
참된 이치의 말을 믿고 이해 할지니라. 다시 대중에게 이르
시되, 너희들은 마땅히 여래의 참된 이치의 말을 믿고 이해
할지니라. 또 다시 모든 대중에게 이르시되, 너희들은 마땅
히 여래의 참된 이치의 말을 믿고 이해 할지니라.

　이 때에 보살 대중에서 미륵께서 우두머리가 되어 합장하
시고 부처님께서 미륵께서 우두머리가 되어 합장하시고 부
처님께 아뢰어 말씀하시되, 세존이시여 오직 원하옵건데
설하시옵소서. 저희들은 마땅히 부처님의 말씀을 믿어서
받으오리라. 이와 같이 세 번이나 아뢰기를 마치고는 다시
말씀하시되, 오직 원하옵건데 설하시옵소서. 저희들은 마
땅히 부처님의 말씀을 믿어서 받으오리라.

이 때 세존께옵서는 모든 보살이 세 번이나 청하며 그치지 아니하는 것을 아시고, 이에 일러서 말씀하시되, 너희들은 여래의 비밀한 신통의 힘을 잘 들을지니라.

일체 세간의 하늘과 사람과 그리고 또 아수라는 모두 지금의 석가모니 부처님이 석씨 궁궐을 나와서 가야성 가기가 멀지 않는 도량에 앉아서 위없이 높고 바르며 크고도 넓으며 평등한 깨달음을 얻었다고 생각하느니라. 그러나 착한 남자여 내가 진실로는 부처님을 이루어 이미 옴은 헤아닐 수도 없고 가도 없는 백천만억의 나유타 겁이니라.

비유할 것 같으면 오백천만억 나유타 아승지의 삼천대천 세계를 가령 어떤 사람이 갈아서 가는 먼지를 만들어서 동방으로 오백천만억 나유타 아승지 나라를 지나면서 이에 한 미진을 떨어뜨리며 이와 같이 동쪽으로 가면서 이 미진이 다한다면 모든 착한 남자여 뜻에는 어떠하겠느냐. 이 모든 세계를 가히 깊이 생각하여 산술로 헤아림을 할지라도 그 수를 알겠느냐. 모르겠느냐.

미륵보살들께서 함께 부처님께 아뢰어 말씀하시되, 세존이시여 이 모든 세계는 헤아릴 수 없고 가이 없어서 산수로서 알 바가 아니옵니다.

또한 마음의 힘으로도 미칠 바가 아니오며 일체 성문 벽지불이 새는 것이 없는 지혜로서 깊이 생각하여도 그 한정의 수는 능히 알지를 못하오며 저희들이 돌아서서는 물러나지 아니하는 지위에 머물지라도 이 일 가운데서는 또한 통달하지 못할 바이옵니다. 세존이시여 이와 같은 모든 세계는 헤아릴 수도 없고 가도 없사옵니다.

이 때에 부처님께옵서 큰 보살 많은 이에게 이르시되, 모든 착한 남자여 이제 마땅히 너희들에게 분명히 펴서 말하리라. 이 모든 세계에 만약 미진을 둔 것과 그리고 또 두지 않니한 것을 모두 미진을 만들어서 한 미진을 한 겁이라도 하여도 내가 부처님을 이루어서 이미 옴은 다시 이 보다도 백천만억 나유타 아승지 겁을 지나느니라. 이로부터 스스로 오면서 내가 항상 이 사바세계에 있으면서 법을 설하여 가르쳐 교화하였으며 또한 나머지 곳인 백천만억 나유타 아승지 나라에서도 중생을 인도하여 이롭게 하였느니라.

모든 착한 남자여 이런 중간에 내가 연등 부처님들을 말하였으며 또 다시 그가 열반에 들었다고 말하였으나 이와 같은 것은 모두 방편으로 분별한 것이니라. 모든 착한 남자여 만약 어떤 중생이 나의 거처에 와서 이르러면 내가 부처님 눈으로써 그의 믿음들인 모든 근기가 날카롭고 둔함을 관하여 응당 제도할 바를 따라서 곳곳마다에서 이름자를 같지 않게 하고 나이의 연대도 많고 적게 하여 스스로 설하였으며 또한 다시 마땅히 열반에 듦을 나타내어 말하기도 하고 또 가지가지 방편으로써 미묘한 법을 설하여 능히 중생으로 하여금 기뻐하고 즐거워하는 마음을 일으키게 하였느니라.

모든 착한 남자여 여래는 모든 중생이 작은 법을 즐기며 덕이 엷고 때가 무거운 자를 보면 이러한 사람을 위하여 말하되, 나는 젊어서 출가하여 위없이 높고 바르며 크고도 넓으며 평등한 깨달음을 얻었노라. 하였느니라. 그러나 내가 진실로는 부처님을 이루워 이미 오는 것이 멀고 오래됨은 이와 같지마는 다만 방편으로써 중생을 가르쳐 교화하여 부처님의 도에 들게 하려고 이와 같은 말을 하였느니라.

모든 착한 남자여 여래가 설명한 바 경전은 모두 중생을 제도하여 벗어나게 하기 위함이니 혹은 자기의 몸을 설하며 혹은 남의 몸을 설하며 혹은 자기의 몸을 보이며 혹은 남의 몸을 보이고 혹은 자기의 일을 모이고 혹은 남의 일을 보이되, 모든 설한 바의 말은 모두 진실하여 헛되지 아니하느니라.

까닭은 무엇인가 하면 여래는 삼계의 형상을 실상과 같이 보고 알아 나거나 죽거나 만약 물러남과 만약 나옴도 있음도 없고 또 한 세상에 있는 것과 그리고 또 멸도한 것도 없으며 참된 것도 아니요, 헛 된것도 아니며 다른 것도 아니며 삼계에서 보는 삼계와는 같지 않느니라.

이와 같은 일을 여래는 밝게 보아 그릇되어 어긋남은 있음이 없건마는 모든 중생은 가지가지의 성품과 가지가지의 욕심과 가지가지의 행과 가지가지를 기억하고 생각하며 분별함이 있는 까닭으로 모든 착한 근본을 내게 하고자 하여 약간의 인연과 비유와 말로써 가지가지의 법을 설하되 부처님을 짓는 바의 일을 일찍이 잠깐이라도 폐하지 않았느니라.

이와 같이하여 내가 부처님을 이루워서 이미 오는 것은 심히 많이 오래되고 멀어서 수명은 헤아릴 수 없는 아승지겁이라, 항상 머물러서 멸하지 아니하느니라. 모든 착한 남자여 내가 본래 보살의 도를 행하여 이룬 바 수명은 지금도 아직 다하지 못하였으며 다시 위의 수보다 배이니라. 그러나 지금 진실은 멸도가 아니면서 이에 문득 "마땅히 멸도를 취하겠다"고 소리 높여 말하노니 여래는 이런 방편으로써 중생을 가르쳐 교화하느니라. 까닭은 무엇인가 하면 만약 부처님이 세상에 오래 머무르면 덕이 엷은 사람은 착한 근본을 심지 않고 빈궁하고 낮고 천하며 다섯가지 욕심에만 탐착하여 기억과 생각이 허망한 견해의 그늘 가운데에 들 것이니라.

만약 여래가 항상 멸하지 않고 있는 것만 보면 오로지 교만하고 방자한 것만 일으켜서 이에 싫증냄과 게으름을 품고 능히 만나기 어렵다는 생각과 공손히 공경하는 마음을 내지 아니하느니라.

이러한 까닭으로 여래는 방편으로써 설하되, 비구여 마땅히 알라. 모든 부처님께옵서 세간에 나오시는 것을 가히 만남을 마주치기가 어렵다 하였느니라. 까닭은 무엇인가 하면 모든 덕이 엷은 사람은 헤아릴수 없는 백천만억 겁을 지나도록 혹은 부처님을 뵙지도 못하는 자가 있나니 이러한 일의 까닭으로써 내가 이런 말을 하되, 모든 비구여 여래는 가히 뵈옴을 얻기가 어렵다 하느니라.

이 중생들이 이와 같은 말을 들으면 반듯이 마땅히 만나기 어렵다는 생각을 내어 마음에 사랑하여 그리워 함을 품고 부처님을 목마르게 우러르며 문득 착한 근본을 심느니라. 이러한 까닭으로 여래는 비록 실상으로는 멸하지 아니하나 그러나 멸도 한다고 말함이라.

또 착한 남자여 모든 부처님 여래의 법도 모두 이와 같아서 중생을 제도하기 위함이니 모두 참되어 헛되지 아니하니라.

비유할 것 같으면 좋은 의원이 사리에 밝은 지혜가 총명하고 통달해서 처방과 약을 밝게 다루어 많은 병을 잘 다스리니라. 그 사람에게는 여러 자식이 많아 만약 열이며 스물로 이에 백의 수에 이르르며, 어떤 일의 인연으로써 멀리 다른 나라에 이르렀는데 모든 자식은 뒤에 다른 독약을 마시고 약으로 속히 답답하고 어지러움이 일어나서 땅에 꼬부라져서 뒹굴고 있느니라.

이 때 그 아버지는 되돌아서 집으로 돌아오니 모든 자식은 독한 것을 먹었으되 혹은 본 마음을 잃었으며 혹은 잃지 아니한 자가 멀어서 그 아버지를 보고 모두 크게 기쁘고 즐거워서 무릎을 꿇고 절을 하며 문안을 여쭙되, 안은하시게 잘 돌아 오셨나이까. 저희들은 어리석고 바보라서 그릇되게 독한 약을 먹었나이다. 원하옵건데 보시고는 치료하시어 구원하사 다시 수명을 주시옵소서.

아버지는 자식들의 괴로움과 번거로움이 이와 같음을 보

고 모든 처방을 실은 책을 의지하여 빛과 향기와 좋은 맛을 모두 다 흡족하게 갖춘 좋은 약초를 구하여 찧고 체로 쳐서 고루 합하여 자식에게 주어 먹게 하고는 이런 말을 하되, 이 아주 좋은 약은 빛과 향기와 좋은 맛이 모두 다 흡족하게 갖춰졌으니 너희들이 옳게 먹으면 괴롭고 번거로움이 빨리 없어지고 다시는 많은 병이 없으리라.

그 모든 자식 가운데에 마음을 잃지 아니한 자는 이 좋은 약의 빛과 향기가 함께 좋은 것을 보고 곧 문득 이를 먹으니 병이 다 없어져 나았느니라. 나머지의 마음을 잃은 자도 그 아버지가 오는 것을 보고는 비록 또한 기뻐하고 즐거워하며 문안을 여쭙고 병을 다스려 주기를 구하고 찾았으나 그러나 그 약을 주어도 기꺼이 먹지 아니하나니, 까닭은 무엇인가 하면 독한 기운이 깊이 들어가서 본 마음을 잃은 때문으로 이 좋은 빛의 향기로운 약을 이에 좋지 않다고 생각하였느니라.

아버지는 이런 생각을 하되, 이 자식은 가히 불쌍하도다. 독에 맞힌 바로 마음이 모두 거꾸로 되어 비록 나를 보고 기뻐하며 치료해서 구원해 주기를 구하고 찾으나 이와 같이 좋은 약을 기꺼이 먹지 아니하나니 내가 지금 마땅히 방편을 베풀어서 이 약을 먹게 하리라. 하고 곧 이런 말을 하되, 너희들은 마땅히 알지니라. 내가 이제 약하고 늙어서 죽을 때가 이미 이르렀으므로 이 좋고 좋은 약을 이제 여기에 놓아 두노니 너희가 가히 가져서 먹되 병이 낫지 아니할까 근심하지 말지니라.

　이런 가르침을 하여서 마치고는 다시 다른 나라에 이르러서 심부름꾼을 보내어 정반대로 이르라고 하되, 너희 아버지는 이미 죽었다 하였느니라.

　이 때 모든 자식은 아버지가 죽어서 잃었음을 듣고 마음으로 크게 근심하고 괴로워 하며 이에 이런 생각을 하되, 만약 아버지께서 계시면 우리들을 사랑하시고 불쌍히 여기시어 능히 보시면 구원하시고 두호하실 것이나 지금에는 우리들 버리시고 멀리 다른 나라에서 돌아가셨으니, 스스로 생각한다면 외로움만 드러나고 다시는 믿고 의지할 곳이 없다. 하고 항상 슬픈 느낌을 품다가 마음이 드디어 깨어나서 깨닫고 이 약의 빛과 향기와 맛이 좋음을 알고 곧 가져다 먹으니 독한 병이 모두 나았느니라.

　그 아버지는 자식이 다 이미 잘 나았다는 것을 듣고는 찾아 문득 돌아와서 모두에게 보이게 하였느니라.

　모든 착한 남자여 뜻에는 어떠하느냐 자못 어떤 사람이 능히 이 좋은 의원을 허망한 죄가 있다고 말하겠느냐. 아니하겠느냐. 아니옵니다 세존이시여. 부처님께옵서 말씀하시되, 나도 또한 이와 같아서 부처님을 이루워서 이미 오는 것은 헤아릴 수 없고 가없는 백천만억 나유타 아승지겁이건마는 중생을 위하는 까닭으로 방편의 힘으로써 마땅히 멸도 한다고 말하였으며 또한 능히 법을 순종하고서 나의 허망한 허물을 말할 자는 있을 수 없느니라. 그 때에 세존께옵서 거급 이 뜻을 펴시고자 하시어 이에 게송으로 설하시어 말씀하셨다.

"내가 부처님을 얻어 옴으로써 지나는 바의 모든 겁수는 헤아릴 수 없는 백천만억재 아승지니라. 항상 법을 설하여 수없는 억의 중생을 가르쳐 교화하여 부처님 도에 들게 하였으며, 그리하여 옴은 헤아릴 수도 없는 겁이니라. 중을 제도하게 위한 까닭으로 방편으로 열반(죽음)을 나타내었으나 이에 진실로는 멸도하지 아니하고 항상 여기에 머물면서 법을 설하느니라.

내가 항상 여기에 머무르면서 모든 신통의 힘으로써 거꾸로 된 중생으로 하여금 비록 가까우나 보지 못하게 하느니라. 중생이 나의 멸도한 것을 보고 는 널리 사리에 공양하며 모두 다 사랑하여 그리워 함을 품고 목마르게 우러러는 마음을 내느니라.

중생이 이미 믿고 복종하며 바탕이 곧고 뜻이 부드럽고 연하여 한마음으로 부처님을 뵙고자 하되, 스스로 몸과 목숨을 아끼지 아니하면 때에 나와 그리고 또 많은 승려가 함께 영취산에 나와서 내가 때에 중생을 말하되, 항상 여기에 있으며 멸하여 죽지 아니하건만 방편의 힘인 까닭으로써 멸함과 멸하지 않음이 있음을 나타내노라, 하였느니라.

다른 나라 중생도 공손히 공경하며 믿고 좋아하는 자가 있으면 내가 다시 그 가운데에서 위없는 법을 설하게 되니, 너희들은 이를 듣지 못하므로 다만 내가 멸도 하였다고 생각하느니라.

괴로움에 **빠졌음**이라 그러므로 위하여 몸을 나타내지 아니하고 그로 하여금 목마르게 우러름을 내게 하고 그 마음으로 인하여 사랑하고 그립게 하고는 이에 나와서 위하여 법을 설하느니라. 신통의 힘이 이와 같아서 아승지겁에 항상 영취산과 그리고 또 다른 모든 곳에 머물고 있느니라.

중생이 겁이 다하여 큰 불에 타는 바가 됨을 볼때에도 나의 이 땅은 편안하게 의지하여 하늘과 사람이 항상 가득차고 동산의 수풀과 모든 사는 집과 층집에는 가지가지 보배로 꾸며져서 치장되고 보배 나무에는 꽃과 과실이 많아서 중생이 즐겁게 노니는 바이니라.

모든 하늘은 하늘 북을 쳐서 항상 많은 재주와 음악을 지으며, 만다라화 꽃을 비오듯이 하여 부처님과 그리고 또 대중에게 흩나니 나의 깨끗한 나라는 헐어지지 아니하건만 중생은 불이 타서 다한 것으로 보고 근심과 두려움과 모든 괴로움과 번거로움, 이와 같은 것이 모두 가득 찼느니라.

이 모든 죄업의 중생은 잘못된 악한 업(의도)의 인연으로써 아승지 겁이 지나도록 삼보의 이름도 듣지 못하였느니라.

모든 공덕을 닦음이 있어서 부드럽고 온화하며 바탕이 곧은 자는 곧 내 몸이 여기에 있으면서 법을 설하는 것을 모두 보느니라. 혹은 때에 이 많은 이를 위하여 부처님의 수명이 헤아릴 수 없다고 말하고, 오래되어야 겨우 부처님을

뵈옵는 자를 위하여서는 부처님 만나기가 어렵다고 설하느
니라.

나의 지혜의 힘은 이와 같나니, 지혜의 빛이 비춤은 헤아
릴 수 없고, 수없는 겁(세월)의 수명은 오래 업을 닦아온 수
행에서 얻은 것이니라.

부처님의 말씀은 진실하여 헛되지 아니하느니라. 마치 의
원이 좋은 방편으로 미친 자식을 치료하기 위한 까닭으로
진실로는 있으나 그러나 죽었다고 말하나니, 능히 허망한
것을 설했다고 할 수 없듯이, 나도 또한 세상의 아버지로서
모든 괴롭고 아픈 나의 자식들을 구원하되, 범부의 거꾸로
된 것을 위하여 사실은 있으나 그러나 멸하여 죽었다고 말
하느니라.

항상 나를 보는 까닭으로서 이에 교만하고 방자한 마음을
내어 편안히 놀며 다섯가지 욕심에 집착을 하여 악도 가운
데 떨어지나니, 내가 항상 중생이 도를 행하고 도를 행하지
않는 것을 알아 응당 가히 제도할 바를 따라 위하여 가지가
지 법을 설하느니라.

매양 스스로 이런 뜻을 짓되 어떻게 하여야 중생으로 하
여금 위없는 지혜에 들어감을 얻게 하여 속히 부처님의 몸
을 성취하게 할 것인가, 하였느니라.

譬如良醫 智慧通達
비여양의 지혜통달

明練方藥 善治衆病
명련방약 선치중병

부처님의 수명은 영원불멸이다. "나는 성불함이 심히 오래되고 멀다. 수명은 무량 아승지겁이며 항상 머물러 멸하지 않는다." 지하에서 용출한 무수한 보살들을 보고 미륵보살 등은 도저히 형언할 수 없는 불가사의한 일이기 때문에 그 진상을 알고 싶다고 생각했다. 미륵보살의 세 번에 걸친 권청에 의하여 부처님 석가세존은 설법을 시작한다.

"나는 석가족의 왕궁을 떠나 가야성으로부터 그다지 멀지 않은 나이란자 강 근처에서 수행하여 아뇩다라삼먁삼보리(부처의지혜)를 성취했다고 생각하는 사람들이 대부분이다. 그런데 사실은 성불한 이후 무량무변 백천만억나유타겁이 흘러갔다. 실로 무한한 시간이 경과한 것이다." 미륵보살 등은 부처님의 진실한 모습을 이때서야 비로소 깨닫고 감격하여 합장하여 예배를 올리자, 부처님은 더욱 상세하게 설명하기 시작했다.

"나는 무한히 멀고 먼 과거부터 이 사바세계에 살면서 무명의 어둠 속에서 괴로워하고 있는 중생을 구제하려고 설법교화를 계속하고 있는 것이다. 그리고 사바세계 뿐만 아니라, 셀 수 없는 많은 세계에서도 중생을 인도하여 이익되게 하고 있었다." "내가 열반에 들어 이 사바세계에서 떠난다고 하는 말은 하나의 방편에 불과하다. 내가 입멸한다고 말하면 사람들은 뜻밖에 놀라 열심히 정진하고 비밀의 법을 들으려 하기 때문이다." 부처님은 혜안으로 신앙의 근원인 중생들의 신근. 정진근. 염근. 정근. 혜근(信根,精進根,念根,定根,慧根)인 5근을 간파하고 각자의 근기에 따라서 법을 계속 설하여 모든 방편으로써 중생을 교화하여 불도(佛道)로 인도했던 것이다.

부처란 어떤 분인가를 여기에서 의사와 아들관계로 분명히 쉽게 밝히고 있다. "훌륭한 의사가 여행을 떠나 집 안에 없을 때, 그의 아들들은 독약을 먹고 신음하며 괴로워하고 있었다. 그때, 운 좋게도 아버지인 양의가 돌아와서 양약을 처방하여 먹임으로써 생명을 건져주었다.

그것과 똑같이 나는 탐진치 삼독에 괴로워하는 사람들에게 처방전을 쓰고 약을 제조하여 그 고통을 제거하여 왔던 것이다."라고. [여래수량품]은 부처님의 본체에 관하여 설명하고 있는 법화경의 중심이 되는 품이다. 부처님의 생명은 무한의 과거에서 무한의 미래까지 불멸하며 영겁토록 무명의 중생을 구제하기 위하여 지금도 사바세계에 존재하고 있다고 설한다. "중생을 다 건지리라."

부처의 지혜의 창고는 몸과 마음에 있으니 무량 무변한 한량없는 법화경의 보배에는 깊지도 얕지도 않다. 모든 부처님과 보살은 근본이 되는 자기 자성인 부처의 지혜를 요달 하였기 때문에 일상 생활 속에서 인연이 있어 만나는 모든 사람들과 사건이나 일들이 한결같이 과거, 현재, 미래의 삼세가 없음을 안다.

"여래는 욕계. 색계. 무색계인 삼계의 형상을 실상과 같이 보고 알아, 나거나 죽거나 만약 물러남과 만약 나옴도 있음이 없고, 한 세상에 있는 것과 그리고 또 멸도한 것도 없으며, 참 된 것도 아니요, 헛된 것도 아니며, 같은 것도 아니며, 다른 것도 아니며, 삼계에서 보는 삼계와는 같지 않느니라."

많은 사람이 일상생활에서 힘들고 의지하고 싶을 때, 목이 터져라 염불을 해봐도, 기도를 해봐도, 나눔의 보시를 해가며 좋다는 일은 그 저 열심히 하는 데도 마음이 울적하다. 그럴 때는 어떻게 할까. 그냥 그 마음 가만히 내 버려두면 된다. 모두 저절로 해결이 된다. 내가 붙잡지 않고 가만히 내 버려두면, 그 마음 자기가 알아서 저 절로 변하고,

그동안 열심히 애쓰고 정진하던 공덕은 고스란히 남는다란 말씀이 부처의 지혜임을 깨달아야 한다.

불자들이여, 자신에게 솔직해 보라. 도대체 무엇이 나를 병들게 하였고 무엇이 나를 행복하게 하는지, 세상이 나를 일반적으로 정해 놓은 성공의 기준이 아닌 내안에서 무엇을 원하는지, 세상에 행복을 내 보이는 것이 중요한 것이 아니고, 나 자신이 정말로 행복한 것이 더 중요함을 일깨워 주고 있는 지를 알기 위해서다.

꺼질 줄 모르는 무한 세월 자비의 광명으로 인도하는 부처님의 가르침, 정말 감사와 기도로서 불공 올려라. 상대가 나를 욕보이려 다가오는 것은 은혜를 모르는 나의 인격이 부족한 탓이므로 자신이 죽어야 내가 산다는 사실을 깨달아야 한다.

묘법연화경 분별공덕품 제17 요지

　여래가 열반에 들어 멸한 뒤에 만약 이 경을 듣고는 그리고는 헐뜯고 비방하지 아니하며 따라서 기뻐하는 마음을 일으키면, 마땅히 알지니라 이미 깊이 믿어 이해하는 형상이 되거늘 어찌 하물며 읽고 외우며 받아서 가지는 자이겠느냐, 이 사람은 곧 여래를 이마에 이고 있는 것이니라.

　여래가 멸한 뒤에 만약 받아서 가지며 읽고 외우며, 다른 사람을 위하여 설하며, 만약 자기가 쓰거나 만약 사람을 가르쳐 쓰게 하여, 경권에 공양함이 있으면, 이 사람은 다시 탑과 절을 일으킴과 그리고 또 스님들의 방을 지어서 많은 수행하는 스님들께 공양함이 필요하지 않다 하였는데, 하물며 다시 어떤 사람이 능히 이 경을 가지고 겸하여 베풀어 줌과 계(戒)를 가짐과 욕되는 것을 참음과 정진과 일심과 사리에 밝은 지혜를 행함이니라. 부처님의 참 다운 법을 실천하는 자이므로 그 덕은 가장 수승하여 헤아릴 수 없고 가 없느니라.

비유하건데, 허공이 동서남북과 네 모퉁이와 위와 아래가 헤아릴 수 없고 가없는 것과 같이, 이 사람의 공덕도 또한 다시 이와 같아서 헤아릴 수 없고 가이 없으니 빨리 일체 가지가지 지혜에 이르느니라.

能持是經 兼行布施持戒忍辱精進 一心智
능 지 시 경　겸 행 보 시 지 계 인 욕 정 진　일 심 지

慧 其德最勝 無量無邊
혜　기 덕 최 승　무 량 무 변

부처님의 영원함'을 믿어 얻는 공덕을 얻으라. 부처님 석가세존에게 "부처님의 수명은 영원하며 언제 어느 때라도 부처님은 항상 함께 계신다."라고 들은 보살들은 안심한다. 즉, '부처님의 입멸은 방편에 불과하다.'라고 깨달았던 사람들은 안도의 한숨을 내쉬었던 것이다. 이제 부처님은 부처님의 수명이 영원하다고 확신한 결과 얻어지게 되는 공덕을 설하기 시작한다.

"첫째, (無生法忍)"생사에 흔들림 없고" 어떠한 변화가 있어도 언제나 두려운 마음이 없게 된다.
둘째, (聞持陀羅) 모든 악을 끊고 모든 선을 행하는 생활

태도로 변하여 널리 주위의 사람들에게 좋은 영향을 주게 된다.

셋째, (樂說無礙弁才) 즐거움 속에서 사람들에게 법화경을 설하게 되며, "포교에 전념"하는 일이 삶의 기쁨이 된다.

넷째, (旋陀羅尼) 악을 단절하고 선을 설하여 모든 사람들에게 전달하는 "무한한 전도"의 힘을 얻게 된다.

다섯째, (轉不退法輪) 어떠한 어려움이 있어도 조금도 물러서지 않고 항상 '부처의 지혜'를 계속 설하여, 사람들에게 법화경의 위력을 알게 한다.

여섯째, (轉清淨法輪) "어떠한 욕심도 없이" 청정한 마음 그대로 법을 설하여 가게 된다.

그리고 나서 많은 수행을 계속하여 언젠가는 최고의 깨달음을 얻게 된다." 부처님의 말씀은 모두 자신의 체험에서 비롯되었으므로 보살들의 마음속에 하나하나 깊이 새겨졌다. 그 감동을 미륵보살은 그대로 표현하였다. "우리들에게 무한한 생명을 주시고 미래 영겁에 걸쳐 중생을 제도하는 법의 공덕을 말씀해 주셨습니다. 일체의 중생이 환희하는 바입니다."

이러한 가르침을 처음으로 들었던 보살들은 크게 기뻐하고 부처님을 만나 설법을 듣게 된 인연을 축복으로 여겼다. 그리고 신앙의 힘은 어떤 장벽이라도 허문다. 부처님의 수명이 영원불멸함을 믿게 되면 누구나 마음의 미망은 저절로 사라져 버린다.

사람은 죽을 때까지 미망의 늪 속에서 허덕이며 확신할 수 없는 삶을 붙잡지 못하고 괴로움으로 일생을 살아간다. 그러나 "여래의 수명은 영원한 것이다"라고 믿기 시작할 때부터 수많은 중생들은 생사의 미망에서 벗어나 동요하지 않게 되는 것이다. 그래서 "무생법인"을 비롯하여 무한 능력을 얻게 된다 하였다. 기도수행이 성취된 것이다.

[분별공덕품]은 부처님의 수명이 영원불멸함을 믿음으로써, 그 공덕이 헤아릴 수 없을 만큼 크고 자기 자신을 행복으로 인도하는 길임을 구체적으로 표현했다. 마음을 청정히 하여 어떠한 것에도 집착하지 않고, 어떠한 이익도 구하지 않으며, 법화경의 내용을 그대로 실천해 가는 행복을 설했던 것이다. 마음을 비우려면 어떻게 해야 하느냐, 묻는 이들이 많다.

'마음을 비워야지...'하고 마음먹고 마음을 비우려하면 오히려 더 마음이 혼란스러워 진다. 왜냐하면 '비워야지...' 하는 것도 사실은 비워야 할 생각이기 때문이다. 그렇다면 어떻게 생각을 쉬어 마음을 비울 수 있을까. 정답은 올라오는 그 생각들을 가만히 부처의 지혜로 지켜보면 된다. 지켜보는 순간, 의도와 생각인 업(業識)은 쉬고 무생법인의 생사 초월이다. 부처님의 가르침을 의심하지 마라. 자신을 의심하는 모든 일은 모두가 이루어 진다.

　불자들은 깊이 생각해야 된다. 안으로 교만을 생각을 품으면 밖에서 원한과 증오를 불러들인다. 입으로 말하거나 손으로 글을 써서 남이 칭찬해주기를 바란다 해도 역시 부끄러운 일이다. 중생은 좋다고 보겠지만 부처나 보살은 허물로 본다. 잠시 구경거리로서 슬픔은 오래 간직하게 되기 때문이다.
　부처의 지혜가 없는 중생들의 재주와 재능은 모두 대 낮에 햇빛 앞에 형광등 불빛과 같음을 기억해야 한다. 인생은 다시 오지 않는다. 부처의 지혜와 하나 될 때까지 망상 번뇌 피우지 말고 마음을 챙기는 수행에 물러섬이 없어야 된다.

　기도와 수행하는 동안을 절대로 노력을 늦출 수 없다. 교활한 속임수로 공격하는 번뇌에 대항하여 신심, 마음챙김, 선정, 지혜와 결합된 정진력으로 계속 싸워야 한다. 인생의 행복은 선택하는 것이다. 그래서 자신의 몫이다. 행복은 기다려 주지 않는다. 어려운 역경과 고난이 행복인 것이다. 인생은 크나큰 삶으로 승부하라. 큰 꿈이 없이 시작하는 일들은 모두 실패의 원인이다.
　부처님 감사합니다.

묘법연화경 수희공덕품 제18 요지

부처님께옵서 미륵에게 이르시되, 내가 지금 너에게 분명히 말하리라. 이 사람이 일체의 풍류하는 데 갖추는 것으로써 사백만억 아승지 세계의 여섯 곳으로 나아가는 데의 중생에게 베풀고, 또 아라한과를 얻게 할지라도 얻은 바의 공덕은 이 오십 번째 사람의 법화경 한게 송을 듣고 따라 기뻐하는 공덕만 같지 못하니, 백분 천분 백천만분의 그 하나도 미치지 못하며, 이에 산수 비유로서는 능히 알지 못할 것에 이르리라.

또 아일다여, 만약 사람이 이 경을 지극한 마음으로 위하는 까닭으로 스님들의 방을 향하여 나아가서는, 만약 앉거나, 만약 서서 잠깐이라도 청취하여 들어서 받기만 하여도, 이 공덕으로 인하여 몸이 변하여 과거에 악업이 사라지며, 나는 곳에는 좋고도 가장 묘한 코끼리와 말과 타는 수레와 진귀한 보배와 궁전 가마와 그리고 또 하늘 궁궐에 오름을 얻으리라.

만약 다시 어떤 사람이 법을 강론하는 곳에 앉았는데, 다시 어떤 사람이 오거든 권하여 앉아서 듣게 하되, 만약 자리를 나누워 앉게 하면 이 사람의 공덕은 몸이 변하면, 제석(생명을 관장는 왕)이 앉는 곳이거나, 만약 범왕(하늘의 왕)이 앉는 곳이거나, 만약 평화통일의 전륜성왕이 앉는 바의 자리를 얻느니라.

아일다여, 만약 다시 어떤 사람이 나머지의 사람에게 일러 말을 하되, 경이 있으되 이름은 연꽃 법화인데, 가히 함께 가서 듣자. 하고는 곧 그 가르침을 받게 하여 이에 잠깐 사이에 들음에 이를 지라도, 이 사람의 공덕은 몸이 변하면 다라니 보살과 더불어 함께 한 곳에 나는 것을 얻느니라.

於講法處...是人功德 轉身 得 帝釋坐處 若
어 강법처...시인공덕 전신 득 제석좌처 약

梵王坐處 若 轉輪聖王 所坐之處
범왕좌처 약 전륜성왕 소좌지처

법화경을 이웃에게 전하는 무한한 기쁨이다. 부처님 석가세존의 가르침을 듣고 미륵보살들은 마음 속으로 환희한다. "세존이시여, 만약 선남자 선여인이 법화경의 가르침을 듣고 감사하는 마음을 일으킨다면 그 공덕은 어느 정도인지 가르쳐 주십시오."

미륵보살은 보살들과 함께 모여 있는 사람들을 위하여 질문하고 용기를 북돋아 주려고 생각했다. 부처님은 명확하게 말하기 시작했다. "미륵아, 어떤 사람이라도 법화경을 듣고 마음 속에서 감사한 생각을 내어 환희심을 일으키고 도화지에 있거나 농촌에 있거나 친구나 아는 사람에게 자기의 큰 환희심을 어떻게든 전해 주고 싶었다.

그래서 법화경을 설하여 주었는데, 이것을 들은 사람들도 마음 속에서 감사하는 생각을 내어 큰 환희심을 일으키고 각각 계속 다른 사람들에게 전해 갔다고 하자. 공덕은 조금도 감소함이 없이 계속적으로 전달되어 간다. 그리고 오십 명째에 이르러도 그 환희심은 조금도 감소하지 않게 된다."

부처님은 법화경을 듣고 크게 환희하여 다른 사람에게 전하는 공덕은 마치 다른 사람들에게 물건을 나누어 주는 공덕보다 비교되거나 계산할 수 없을 정도로 더 크다고 말했다. "50번째 사람이 단지 법화경의 한 게송이라도 한 구절이라도 듣고 큰 환희심을 일으키는 공덕에 비교될 만한 공덕은 어디에도 없을 것이다."

아라한들은 자신들만의 깨달음을 목표로 수행하고 있지만, 부처님은 그것을 초월하여 법화경의 한 게송 한 구절을 자기이외의 사람에게 전하여 큰 환희심을 불러일으키는 공덕의 중요성을 설하고 있다. 최초의 법회에서 법화경을 들었을 때, 감사하다고 하는 큰 환희심을 일으킨 사람이 받는 공덕보다 비교할 수 있는 공덕은 없을 것이다.

부처님은 말씀하신다. "만약 어떤 사람이 다른 사람에게 말했다 하자. 법화경이라는 가르침을 함께 가서 듣자."라고. 그리고 그 사람과 함께 잠시 동안이라도 그 가르침을 들었다고 하자. 권유한 사람의 공덕은 다라니보살과 똑 같은 곳에 태어남을 얻을 수 있을 것이다.

법연(法緣)의 위대함은 형언할 수 없을 정도로 수승하다. 비교하고 싶어도 비교할 수 없을 만큼 높은 정신의 소산이다. 이러한 공덕으로 인하여 '천상계의 궁전에 올라갈 수도 있다.'라고 부처님은 설하고 있다.

[수회공덕품]은 최초, 법화경을 듣고 감사의 마음으로 크게 환희한 사람의 공덕이야말로 비교도 할 수 없는 훌륭한 공덕이며, 법화경의 한 게송 한 구절이라도 듣고 다른 사람에게 전도하는 일이 "인생에서 가장 큰 기쁨이고 업장소멸의 길이다"라고 설하고 있다.

부처님의 경전을 가족이나 이웃에 전하는 일은 업장소멸의 가장 바른길이며 가장 큰 공덕이다. 그런데 사람들은 이러한 사실을 모르고 알려고도 하지 않는다. 어려울때 많은 돈으로 상대를 도와주는 것처럼 큰 일은 없다. 그 보다 돈이란 물질보다 상대에게 뚜렷한 정신적 가치관으로 새로운 인생의 삶을 살도록 변화를 가져다주는 부처의 지혜 보다는 못할 것이다. 그러나 사람들은 '자기 마음도 자기 뜻대로 하지 못하면서 무슨 수로 다른 사람을 변화시킬 수 있을까'참으로 걱정이다. 그 문제는 가장 먼저 변해야 할 것이 불자들의 태도가 되겠다.

생활 속에 밀려오는 화, 짜증, 불안, 미움의 감정을 바꾸려고 한번 쯤 노력해 본 사람이라면 알겠지만, 이건 결코 쉬운 일이 아니다. 그래서 강조해 본다. 매일 거울을 보땔 자신의 얼굴을 발견한다. 그 때마다 자신을 바라보고 웃어보라. 내마음이 웃어줄 때 만이, 세상 사람들이 끝없이 호소하고, 어려움을 털어 놓는 많은 일에 대하여 척 척 해결하는 능력과 기적이 순간 순간 부처의 지혜로서 일어난다.

가까운 앞날, 사망의 1위가 급성 우울증과 심근경색일 것이다. 스트레스에서 오는 분노와 짜증과 불화와 불안과 공포의 두려움 이지만 모든 불행을 벗으로 삼을 지언정, 재능은 귀하게 여기지 말자. 인생에 있어서 날이 갈수록 어둡고 답답하게 된다. 서툰 것을 과장해서 기교를 탐내는 자는 그 덕이 넓어지지 아니한다. 그 높은 것이 쉽게 무너진다. 부처의 지혜로 보살행을 실천한 불자들은 오직 겸손하라. 그림자와 자취를 두려워하여 멀리하면 할수록 더욱 좋은 것이다.

이것 저것 세상일은 잘 풀리지 않고, 인간관계가 나쁘고, 동료나 가족이 속상하고, 화나고, 짜증나고, 서운한 불편한 감정들이 한 없이 많다. 그 때 그들에게 어떠한 방법으로 평정을 유지하게 하며 그들과 함께 웃음을 나눌 수 있을까 하는 문제가 많을 것이다. 그리고 나 자신이 어려움에 놓였을 때는 과연 그들의 도움을 받을 수 있을까 하는 문제다.

사람과 사람사이가 친해져 소통을 위해서라면 먼저 자신의 마음과 친해져야 한다. 아플 수 밖에도 없는 마음을 다스리지 말고, 그저 실체도 없는 그 마음과 친해지려거든 부처의 지혜를 가지고 그 마음을 조용히 지켜보자.

만약 쾌락에 탐닉한다면 생 지옥 이외는 아무것도 성취할 수 없는 걸 아는 번뇌가 불자들을 비웃을 것이다. "나쁜 일 행하지 않고 좋은 일만 행하며, 그 마음을 스스로 청정하게 하는 것, 이것이 모든 부처님의 가르침이다."하였으니 적어도 불자라면 나이자랑 일삼는 80노인 되지 말고, 게으른뱅이 되지 말고 오직 철이 없지만 실천에 옮기는 3살난 어린애가 되어야 된다.

나는 진실한 마음을 외면하여 살게하던 헛된 망상을 지우겠노라. 나를 사는데 욕을 먹지 않고 사는 것이 참 지혜임을 이제야 깨달았습니다.

묘법연화경 법사품 제19 요지

　만약 착한 남자, 착한 여인이 이 법화경을 받아서 가지고 만약 읽거나, 만약 외우거나, 만약 풀어서 말하거나, 만약 써서 베끼면, 이 사람은 법사라 하며 마땅히 팔백의 눈의 공덕과 천이백의 귀의 공덕과 팔백의 코의 공덕과 천이백의 혀의 공덕과 팔백의 몸의 공덕과 천이백의 뜻의 공덕을 얻으리니, 이 공덕으로써 여섯 뿌리(육근)를 꾸미고 치장하여 모두 맑고 깨끗하게 되리라.

若善男子 善女人 受持此經 若讀 若誦 若
약선남자 선여인 수지차경 약독 약통 약

解說 若書寫 得千二百 六根功德
해설 약서사 득십이백 육육공덕

법화경을 실천하면 육근이 청정하게 된다. 모두가 인과응보의 법칙이다. 법화경을 처음 듣고 마음 속으로 감사하는 큰 환희심을 내고, 영원한 생명을 부여받은 사람들이 더 나아가 믿음을 실천하는 신행자로서 생활한다. 부처의 지혜가 있어, 인과응보가 두려움이라는 신념을 가진 신행자는 출가 재가를 불문하고 법사로 통칭되며, 수행과 정진으로 법사가 될 수 있는 자격에는 다섯 가지 행이 있다.

법화경을 수지, 읽음, 외움, 해설, 서사이다. 이 5종의 행을 실천하는 신행자를 5종법사라고 부르는데, 부처님은 5종법사의 공덕에 관하여 상정진보살에게 설한다. "그 사람은 참으로 팔백 눈의 공덕, 천이백 귀의 공덕, 팔백 코의 공덕, 천이백 혀의 공덕, 팔백 몸의 공덕, 천이백 생각의 공덕을 얻는다. 그 공덕력으로 눈, 귀, 코, 혀, 몸, 뜻의 작용이 아름답고 청정하게 된다." 상정진보살은 5종법사의 공덕이 참으로 완전한 것임을 알고 다시 환희심을 냈다. 그러한 공덕으로 여실의 진리를 깨달음으로써 있는 그대로 볼 수 있는 힘이 생기게 되는 것이다.

청정한 육안으로 삼천대천세계의 모든 산, 임야, 강, 바다를 보고 아래로는 아비지옥까지, 위로는 유정천에 이르기까지 전부 볼 수가 있다. 더욱이 중요한 것은 삼천대천세계의 일체를 보되 행위의 인과 연, 그 결과를 알 수 있는 공덕을 얻게 되는 것이다. 그리고 모든 미묘한 소리까지도 하나하나 분명히 들을 수 있고 그 의미까지 완전히 파악할 수 있게 된다. 기도수행이 성취된 결과이다.

그러나 그러한 소리에 조금이라도 마음을 동요하지 않는 힘, 모든 향기를 하나하나 분명히 알 수 있는 힘, 그 본질을 분명히 파악할 수 있는 힘, 음식의 맛을 알고 몸을 잘 다스릴 수 있게 되어 사람들에게 법을 자유자재로 설할 수 있게 되는 힘, 빛으로 충만되어 스스로 빛을 발하고 청정하여 사람들이 우러러 보게 되며, 사심이 완전히 없어지고 사람들을 구제하는 일에 만 집중할 수 있는 힘, 한 게송 한 구절만을 들었을 뿐 인데 무량 무변의 뜻을 완전히 이해할 수 있게 되며, 그것을 사람들에게 알기 쉽게 설할 수 있는 힘이 얻게 지게 된다고 하는 것이다.

"이 사람이 설하는 바는 다 이전의 부처님의 법이리니, 이 법을 설하는 까닭으로 대중에서 두려울 바가 없다."라고 확신을 가질 수 있게 되는데, 부처님은 이 법화경을 지닌 사람이 인과의 법칙을 깨닫지 못하고, 아직 자유자재한 지혜 즉 무루지, 깨달음을 얻지 못했을 지라도 일체 중생의 환희와 공경심을 갖게 된다고 말씀 하신다.

[법사공덕품]는 법화경을 믿고 실천하는 것은 부처님과

가르침과 수행하는 보살에게 공양하고 불공하는 일이 제일이며, 시방법계 제불에게 공양하고 불공하는 일은 무량한 공덕을 쌓는 것이다. 이렇게 5종의 행을 실천하는 법사에게는 눈, 귀, 코, 입, 몸, 생각이 청정하게 되는 공덕이 주어짐을 믿어라 하고 있다. 법화경의 수행자는 육근 모두가 청정하게 되고 일체를 있는 그대로 볼 수 있는 힘을 구족하게 되는 것이다. 따라서 그 공덕을 통하여 진실을 아는 힘을 구비하도록 권장하고 있다. 모두가 지도의 수행이기 때문이다.

7식(識)일곱 구멍을 막고, 여섯 감정(六識)을 닫아서 모양을 보지 말아야 하고 소리를 듣지 말라. 소리를 들으면 귀머거리요. 모양을 보면 소경이라, 영웅과 현인이 모두 재예(才藝)가 어리석어 막힌 것임을 알아라, 모두가 순수하고 소박함을 버리고, 방탕과 소박함을 버린 탓이었다. 사실 삶의 지혜란 굳이 내가 무언가를 많이 해서 쟁취하는 것이 아니고 오히려 평안한 한 생각 쉬는 가운데서 자연스럽게 드러난다는 것이 부처님이 전하고자 하는 속 마음이 이러한 평범한 진리이다.

쫓기듯 사는 삶에 지친 이들에게, 스트레스 덜 받는 목표로 하나 마음처럼 잘되지 않는 분들에게, 자기 스스로 못마땅하고 누군가에 대한 미움으로 고통 받는 이들에게, 그리

고 진정한 사랑으로 가득한 삶을 희구하는 이들에게 부처
님은 어느새 달려가 기다린다.

  삶 가운데 작은 기적을 만들고 싶은가. 가족과 담소도 나
누며 쇼핑도 좋다. 가족을 위하여 케이크도 골라보라. 가족
에게 평생 남는 행복의 기억이 될 것이다. 가족과 함께 하
는 시간은 행복의 발전소이다. 가족과 함께 하는 즐거움은
번뇌를 쉬는 길이다. 나를 화나게 하고 불행을 만드는 부정
적 생각이 버려진다.

묘법연화경 상불경보살품 제20 요지

'나는 당신들을 깊이 공경하여 감히 가볍게 여겨 업신 여기지를 아니하노니, 까닭은 무엇인가 하면 당신들은 모두가 본래 부처이기에 보살도를 행하여 마땅히 부처님의 지음을 얻을 것이기 때문이오'. 나는 당신들을 존경합니다.

억억만겁에 가히 논의하지도 못함에 이르도록, 때에야 겨우 이 법화경을 얻어 들으며, 억억만겁에 가히 논의하여도 못함에 이르도록, 모든 부처님 세존께옵서 때에야 이 경을 설하시나니, 이런 까닭으로 행하는 자는 부처님 멸한뒤에 이와 같은 경을 듣고 의심하여 미혹하는 것을 내지 말며 응당 마땅히 한 마음으로 널리 이 경을 설하면, 세계에 부처님을 만나서 빨리 부처님의 도를 이루리라.

如此 經歷多年 常被罵詈 不生瞋恚 常作
여차 경역다년 상피매리 불생진애 상작

是言 汝當作佛
시언 여당작불

　　당신은 반드시 부처가 될 수 있다. 이 품에서는 상불경보
살이 등장한다. 상불경보살은 어떠한 비난을 받을 지라도
그 사람을 '항상 업신여기지 않고' 존경하며 예배하는 보살
이다. 상불경보살은 화내지 않음으로 유명하다.

　　부처님 석가세존은 상불경보살을 통하여 법화경을 실천
하는 사람의 본연의 도덕적인 태도를 설해간다. 따라서 부
처님은 5종법사의 훌륭한 공덕에 관해서 설하고 이러한 법
사를 비난하거나, 욕하거나, 결점을 들추어내거나 하는 사
람이 있다면 큰 죄보. 갚음을 반드시 받을 것이라고 설명하
고, 정법, 상법, 말법의 세상에 위음왕여래가 어떻게 나타
나는 가를 설했던 것이다.

　　"득대세보살아, 한없이 먼 옛날에 위음왕여래라는 부처
님이 있어 중생을 위하여 설법을 하고 있었다. 정법시대에
도 상법시대에도 설법을 계속하고, 바야흐로 말법시대가
되어 진리가 완전히 변하여 찾아볼 수 없게 되었을 지라도

자신의 몸을 나타내어 진리를 설하고 있다."

위음왕여래가 활약했던 상법세상에 상불경이라는 한 사람의 보살이 있었다. 이 보살은 출가자나 재가자 남성이나 여성을 불문하고 사람을 보면 반드시 예배하고, "당신들을 존경합니다. 당신들은 반듯이 부처님이 되실 분들입니다."라고 반복했다. 문자 그대로 항상 가볍게 업신 여기지 않는다고 하는 뜻에서 상불경이라는 이름이 붙여지게 되었다.

상불경보살은 일생동안 "당신들은 존경합니다. 당신들은 부처님이 되실 분들입니다."라고 말하는 것이 습관이었다. 그런데 임종의 시간을 맞이하게 되었다. 그때, 위음왕여래로부터 법화경의 모든 게송을 듣고 깊이 환희하며 수명을 이백만억나유타 세까지 연장하여 널리 사람들을 위하여 법화경을 설하였다. 기도성취의 공덕은 화내는 법이 없다.

부처님은 다시 득대세보살에게 다음과 같은 말을 하였다. "득대세야, 너는 어떻게 생각하는가. 그때 상불경이라고 하는 사람이 다른 사람이 아니라 바로 나이다. 상불경보살을 괴롭힌 사람도 이 법회 가운데 있다. 그 사람들은 지금 '부처의 지혜'를 얻으려고 열심히 수행하고 있다. 내가 입멸한 후에도 '부처의 지혜'를 수지하고 독송하고 해설하고 서사하는 일에 열중해야만 한다." 상법시대는 증상만으로 가득찬 사람들이 대부분이다. 그 가운데서 모든 사람들이 부처님이 될 수 있다고 예배하면서 일생을 보내는 보살행은 무서운 힘을 갖고 있는 것이다.

[상불경보살품]은 아무리 혼란스러운 시대일지라도 부처님은 모습을 변하여 법화경을 계속 설하는 나쁜 마음을 정화하고 성불의 길로 인도하는 노력을 아끼지 않는다고 설했다. 그리고 상불경보살의 겸손한 행동은 우리들이 본받을 점이며 우리들도 상불경보살과 같은 사람이 되도록 노력해야한다. 이러한 사람들이 모두 기도 수행자들이다.

우리의 의식은 의심하기를 말처럼 날뛰어 분주하다. 자신의 마음은 원숭이처럼 교만하기가 짝이 없어 자제하기 어렵다. 정신이 고단하니 반듯이 쓰러지고 만다. 삿된 행이 마침도록 미혹하여 부처의 지혜로 사는 삶은 영원토록 멀어져 진흙탕이다. 내일 내일 미루다가 어느 사이 죽음의 문턱이 된다.

부처의 지혜를 실천하는 부처님의 제자들이 노래하는 덕분입니다. 고맙습니다. 감사합니다. 그 얼마나 좋은 소리인가. 아무리 많이 들어도 싫지 않다.
누군가 나에게 '안돼.'라고 했을 때, 짜증내거나 싸우지 말고 바로 '예'하고 대답하라. 새로운 상황은 나를 또 다른 세계로 유도하고, 또 다른 삶의 문을 열어 놓는다. 누군가 나에게 '안돼.'라고 했을 때, 저항하면 할수록, 상황은 변하지 않고 나 자신만 더 힘들어진다는 사실을 아는 것이 부처의 지혜라 하였다.

사람의 감정이건, 일이건, 현상이건 간에 전에 없었던 것이 지금 일어나면, 시간이 지나면 그것들은 또 변화해서 사라지게 된다. 모든 것은 쉼없이 변하고 있다. 이러한 이치를 아는 사람이 상불경보살의 화신이며 인과응보를 아는 사람이다.

감사하는 마음 : 고맙습니다.

유순한 마음 : 네 그렇습니다.

겸허한 마음 : 덕분입니다.

반성하는 마음 : 미안합니다.

베푸는 마음 : 당신도 부처님이 됩니다.

나는 작은 인연이지만 오늘부터 크게 키워 삼보님 전 바치겠습니다.

묘법연화경 여래신력품 제21 요지

　이 때 부처님께옵서 상행들의 보살 대중에게 이르시되, 모든 부처님의 신력은 이와 같이 헤아릴 수 없고 가없으며 가히 생각으로 논의하지 못하리라. 만약 내가 이 신력으로써 헤아릴 수 없고 가없는 백천만억 아승지 겁에서 누누이 부탁하기를 위한 까닭으로 이경의 공덕을 설할지라도 오히려 능히 다하지를 못하리라.

　요긴한 것으로써 이를 말할진대 여래의 일체의 있는 바의 법과, 여래의 일체의 마음대로 되는 신비스러운 힘과, 여래의 일체의 비밀되고 요긴한 곳집과, 여래의 일체의 심히 깊은 일을 모두 이 경에서 펴서 보이고 나타내어서 말하였느니라.

　이러한 까닭으로 너희들은 여래가 멸한 뒤에, 응당히 한 마음으로 받아서 가지고 읽고, 외우며, 풀어서 말하고, 써서 베끼며, 설함과 같이 닦아 행할지니라. 만약 어떤 이가 있는 바 국토에서, 받아서 가지고 읽고 외우며 풀어서 말하고 써서 베끼고 설함과 같이 닦아 행하면, 만약 경권이 머문 바의 곳이면, 만약 동산 가운데거나, 만약 수풀가운데거나, 만약 나무 아래거나, 만약 승방이거나, 만약 흰 옷 입은 이의 집이거나, 만약 궁궐에 있거나, 만약 산골이거나 빈 들이거나, 이 가운데에는 모두 응당히 탑을 일으켜서 공양을 할지니라. 까닭은 무엇인가 하면 마땅히 알지니 이곳은 곧 부처님의 참 도량이기 때문이다.

모든 부처님께옵서는 여기에서 위없이 높고 바르며 크고도 넓으며 평등한 깨달음을 얻으시며, 모든 부처님께옵서는 여기에서 법륜을 굴리시며, 모든 부처님께옵서는 여기에서 이에 열반에 옮기시느니라.

그 때에 세존께옵서 거급 이 뜻을 펴시고자 하시어 이에 게송으로 설하시어 말씀하시되, 모든 부처님께옵서는 세상을 구원하시는 분이시니, 큰 신통에 머무시어 중생을 기쁘게 하기 위한 까닭으로 헤아릴 수 없는 신력을 나타내시되, 혀의 형상은 범천까지 이르시고, 몸에서는 수없는 빛을 놓으시니라. 부처님의 도를 구하는 자를 위하여 이렇게 드물게 있는 일을 나타 내시느니라.

모든 부처님의 큰 기침 소리와 그리고 또 손가락을 튕기시는 소리가 두루 시방 나라에 들리니, 땅을 모두 여섯 가지(육근)로 움직였느니라.

부처님께옵서는 멸도하신 뒤에 능히 이 경을 가진 까닭

으로써, 모든 부처님께옵서 모두 기뻐하시고 즐거워하시어 헤아릴 수 없는 신력을 나타내시느니라. 이 경을 누누이 부탁하신 까닭으로 받아 가진 자를 아름답다고 찬탄하되, 저 헤아릴 수 없는 긴 세월 가운데에서도 오히려 그러하므로 능히 다하지 못하였느니라. 이 사람의 공덕은 갓도 변도 없고 마침도 있음이 없으니 시방의 허공과 같아서 가히 처음과 끝과 끝을 얻지 못하니라. 능히 이 경을 가진 자는 곧 이미 나를 본 것이 되며, 또 한 다보여래 부처님과 그리고 또 모든 분신의 부처님을 뵈온 것이며 또 내가 오늘날 가르쳐 교화한 모든 보살을 본 것이니라.

능히 이 경을 가진 자는 나와 그리고 또 분신과 멸도하신 다보여래 부처님과 일체로 하여금 모두 기쁘고 즐거움을 얻게 한 것이니라.

모든 부처님께옵서 도량에 앉으시어 얻으신 바의 비밀되고 요긴한 법을 이 경을 능히 가진 자는 오래지 않아 또한 마땅히 얻느니라. 능히 이 경을 가진 자는 모든 법의 뜻과 이름하는 글자와 그리고 또 말씀을 하고자 하는 대로 설함이 다하거나 마침이 없으되, 바람이 허공 가운데서 일체 막히거나 걸릴 것이 없는 것과 같으니라.

여래가 멸한 뒤에 부처님이 말한 바의 경의 인연과 그리고 또 차례 차례를 알아서 뜻을 따라 실상과 같이 설하되, 해와 달의 밝은 빛이 능히 모든 깊숙한 어두움을 없애는 것과 같으리라. 이 사람이 세간에서 행하여 능히 중생의 어둠을 멸하고 헤아릴 수 없는 보살을 가르쳐서 필경에 일승법에 머물게 하느니라. 이런 까닭으로 지혜있는 자는 이 공덕의 이익을 듣고 내가 멸도한 뒤에, 응당 이 경을 받아서 가질지니라. 이런 사람은 부처님의 도에 결정코 의심은 있을 수 없느니라.

諸佛 於此得 阿耨多羅三藐三菩提 諸佛
제 불   어 차 득   아 욕 다 라 삼 막 삼 보 리   제 불

於此轉于法輪 諸佛 於此而般涅槃
어 차 전 우 법 륜   제 불   어 차 이 반 열 반

인생 피해자는 없다. 지금 살고 있는 이 곳이 부처님과 함께하는 청정한 불국토이다. 땅에서 용출한 보살들이 대 환희심을 내어 부처님 석가세존에게 법화경을 미래 영겁에 걸쳐 수호하고 펴나갈 것임을 맹세하자, 부처님은 그들 앞에 대 신력을 나타내 보였다. 그러한 불가사의하고 신비한 현상은 여래의 자비와 법화경의 위대함을 입증한다.

부처님은 먼저 무한히 넓고 긴 혀를 내어 최상의 천계까지 늘어뜨리고 일체의 털구멍에서 무량 무수한 색채를 띤 광명을 놓아 시방세계의 모든 존재를 분명히 비추었다. 그

러자 보배나무 아래에 앉아 있던 부처님의 분신인 모든 부처님들도 일제히 넓고 긴 혀로 광장 설를 펴고, 전신에서 아름답고 눈부신 광명을 발하자, 백 년이 지나도 천 년이 지나도 그 광명은 꺼지지 않았다. 또한 부처님과 부처님의 분신들인 제불은 다 함께 큰 기침을 하면서 일제히 손가락을 튀기며 마음 속으로 법화경을 널리 설해갈 것임을 굳게 약속한다. 이 약속을 안 모든 사람들은 흥분을 감추지 못하고 환희했다. 이때, 하늘에서 큰 소리가 들려왔다.

"멀고 먼 사바세계 석가모니불께서 모든 보살들을 위하여 대승경을 설하시니 이름이 묘법연화라. 반드시 보살을 가르치는 법이며 부처님께서 호념하시는 바이다. 이 석가모니불을 예배하고 공양함은 좋은 일이다." 제천선신들도 일제히 큰 소리로 제창한다. 이 소리를 들은 중생들도 마음으로 환희하여 법화경을 배우면서 사는 기쁨을 표현한다.
"나무석가모니불. 나무석가모니불........"

하늘에서 청정한 아름다운 보물이 사바세계에 가득히 내려졌다. 광명은 모든 것을 비추고 사악한 것들은 자취를 감추었다. 주위를 돌아봐도 모든 국토는 빛으로 충만되어 그 아름다움은 말로 표현할 수 없을 정도였다. 굳이 말로 표현하자면 "이때 사방세계는 통달해서 걸림없는 하나의 불 국토와 같음이라."라고 할 수 밖에 없다. 모여 있던 보살과 중생들은 부처님을 위시로 한 모든 부처님들의 신통력에 너무나 감격하고 법화경을 호지하고 홍포하여 모든 중생들과 함께 성불을 이루기 위하여 협력하고 정진할 것임을 굳게 맹세했다. 환희하는 마음들은 모두가 기도수행이다.

[여래신력품]은 부처님과 제불이 신통력을 발휘하여 "진리는 오직 하나"임을 밝히는 품이다. 법화경의 공덕과 여래의 위신력에 의하여 사바세계도 다른 불국토와 동등한 광명으로 충만되는 불가사의한 일을 자세히 표현했는데, 사바세계에서 나무석가모니불이라는 합창의 소리가 높아질 때, 비로소 사바세계는 청정한 불국토로 변할 것이다.

부처님은 아미타경에서도 말씀하신다. 극락에는 항상 여러 새들이 있어서, 맑은 소리를 내는데 오근. 오력. 칠보리분. 팔성도분 등의 법문의 소리다. 그 새들은 부처님께서 법문을 펴시기 위하여 화현것이며, 극락이라는 곳은 지옥. 아귀. 축생의 삼악도라는 이름조차 없으며, 그 나라 사람들은 온 종일 부처님. 가르침. 수행하는 보살들만 생각한다.

부처님이 말씀하시는 극락을 정토(淨土)라 이름하여 탐욕과 성냄과 어리석음이 사라진 우리가 살아가고 있는 현실사회를 말하는 것이다 . 항상 나눔과 보살행으로 인정이 넘치고 있는 우리들의 주변이다. 신통력이란 나를 비롯하여,

친구, 가족, 동료, 내 주위 사람들의 마음을 편하게 만드는 것이며 가장 큰 수행이다. 잘 알지도 못하는 멀리 있는 사람들이 아무리 나를 존경하면 무엇하겠습니까. 바로 내 주변 사람들이 나 때문에 힘들어하고 있다면 말이다. 잘 모르는 사람들이 존경은 내가 아닌 허상을 상상하고 있는 거짓된 삶들이다.

여래 신력이란 무엇이겠는가. 그것은 위법망구(爲法忘驅)정신으로 기도와 수행과 정진, 삼매를 지속하는 보살행이다. 화엄경에서도 "탐진치를 한순간 버리고 항상 불법승에 귀의하여 생각 생각이 깨닫고자하는 마음일 때 곳곳이 극락세계라." 말씀하셨다. 기도와 수행에 있어서 가장 극복하기 어려운 것 중 하나가 망상심의 출현이며, 이 망상심이 항상 일어나는 까닭이 바로 탐진치삼독으로부터 기인이 된다. 그래서 삼독을 이기는 힘이 바로 여래의 신력이다.

위없는 부처님의 지혜를 성취하고자 하는가. 항상 차별없는 평등한 마음을 가져라. 만일 사랑하고 미워하는 차별이 있으면 도는 멀어지고 악업만 깊어져 6도 윤회의 지옥을 면키 어렵다.

묘법연화경 촉루품 제22 요지

　내가 헤아릴 수 없는 백천만억 아승지 겁에 이 얻기 어려운 위없이 높고 바르며 크고도 넓으며 평등한 깨달음의 법을 닦고 익혀서 이제 너희들에게 청하여 부탁하오니, 너희들은 응당 마땅히 한 마음으로 이 법을 퍼져 나가게 펴서 널리 더욱 이익되게 할지니라.

汝等 當受持讀誦 廣宣此法 令一切衆生 普
여등 당수지독송 광선차법 령일체중생 보

得聞知
득문지

법화경의 유포가 있었기에 우리들에게 까지 부촉되어 온 것이다. 촉루란 법화경을 유포하는 역할을 의뢰하는 일이다. 이 품에서는 (여래신력품)에 이어서 이번에는 모든 보살들에게 법화경의 유포를 당부한다.

부처님 석가세존은 법좌에서 내려와 오른 손으로 보살들의 머리를 어루만진다. 그리고 보살들에게 법을 홍포해갈 것을 부탁한다.

모처럼 이 세상에 인간으로 태어나서 삼독의 노예로 전락하여 화택에 괴로워하는 중생들을 위하여 "나는 보살들에게 이 법을 부탁한다. 일심으로 이 법을 넓혀가라." 세 번이나 이 말을 반복했으므로 보살들은 마음 깊이 부처님의 마음을 이해할 수 있었다. 그리고 부처님은 '여래의 법'을 배우도록 설명하며, 모든 중생들에게 여래는 "부처의 지혜. 여래의 지혜. 자연의 지혜"를 불어 넣어 주려고 정열을 불태운다. 이 세가지 지혜야 말로 참으로 법화경 그 자체의 지혜가 된다.

"너희들은 여래의 법을 배워야 한다. 여래의 법이란 이미 진리를 깨달아 일체의 중생을 구제하려고 하는 대원을 갖고 이 사바세계에 모습을 다른 부처의 지혜를 말한다. 여래의 지혜를 아직 믿지 못하는 사람들에게 법화경을 설하고 이해시켜 주지 않으면 안된다. 이 일이야 말로 모든 부처님의 은혜에 보답하는 길이다."

여래는 곧 부처님이다. 그래서 지금 부처님이 걸어온 길을 그대로 겸허하게 배운다면 좋을 것이다. "여래는 모든 중생의 대 시주이니라. 너희는 나를 따라 이법을 배울지니, 아끼고 인색한 마음을 내지 말라."

"만약 아무리 해도 믿지 않는 사람이 있으면 부처님의 가르침 가운데서 그 사람에게 가장 적합한 한 게송이라도 한 구절이라도 선택하여 설하도록 하라. 어디까지나 그 사람의 근기를 보고 그 근기에 따라서 법을 설해갈 수 있으면 더욱 좋다." 부처님을 둘러싼 보살들은 입을 맞추어 한 목소리로 말한다. "부처님의 가르침대로 행하겠습니다. 우리 모두에게 맡겨 주십시오." 이 맹세를 들은 부처님은 시방세계에서 와 있는 분신인 제불들에게 말한다.

"그럼 시방세계에서 이 사바세계로 온 제불들에게 진심으로 감사를 표한다. 지용보살들의 결심도 굳건하므로 법화경의 미래는 보살들에게 부촉한다. 이제 본래의 자기 국토로 돌아가도 좋습니다. 다보 불탑도 본래의 곳으로 돌아가십시오." 부처님의 말씀을 듣고 제불들은 각자 본래의 국토로 돌아갔다. 기도수행이 실현되는 순간들이였다.

[촉루품]는 법화경을 미래 영겁토록 사람들에게 목숨을 바쳐서 널리 전도해 간다고 하는 보살들의 맹세를 듣고, 부처님이 진심으로 기뻐하고 법을 유포시키는 큰 임무를 모든 보살들에게 부촉하는 장면을 설한 품이다.

우리 주변에 지금 사귀는 사람과 종교가 달라서 힘들어하는 사람, 명절 때마다 종교가 달라 가족 안에서 어색한 사람, 혼례나 장례 같은 애경사 때 종교로 인해 가족끼리 다투는 분, 의외로 주변에 보면 많다. 우리, 이럴 때 어떻게 해야 할까. 도대체 뭐가 문제인 것일까. 일단 이것부터 집고 넘어 가야 한다.

우리를 힘들게 만드는 것은 종교 자체가 아니고 내 종교를 제대로 인정해주지 않는 그 마음이 서운한 것이다. 무의식적인 차별과 개종을 암암리에 종용하는 폭력성이 모두 싫은 것이다. 이런 경우를 극복해 가는 방법은 사실 상대방의 종교를 내 종교를 알아가듯 공부해 보는 것도 좋다. 상대도 모르고 무조건 나쁘다고 하는 태도는 나눔의 보살도를 실천하는 자세가 아니다.

부처님은 종교 신앙을 하는 불자들에게 가장 위대한 기도 성취가 있다고 말씀하셨다. "만약, 내가 칼산지옥에 가게 되면 칼날들이 저절로 무너지고, 내가 화탕지옥에 가게 되면 불꽃들이 저절로 사라지고, 내가 지옥으로 가게 되면 지옥땅이 저절로 없어지고, 내가 배고픈 귀신 세계에 가게 되면 귀신들이 저절로 배가 부르고, 내가 아수라의 마귀 앞에 가게 되면 악한 마음 저절로 가라 않고, 내가 짐승 세계 가면 밝은 지혜 저절로 얻게 되리라." 이러한 기도 성취를 위해서는 뼈를 깎는 아픔의 기도원력이 필요하다. 모든 공덕의 어머니는 믿음이라. 믿음은 모든 것을 성취한다. 기도원력없이는 큰 일을 성공못한다. 성공이란 신의 능력과 실력이 아닌 자신의 노력으로 사는 모습에 있다.

묘법연화경 약왕보살본사품 제23 요지

　만약 다시 어떤 사람이 일곱 가지 보배로써 삼천대천세계에 가득하게 하여 부처님과 그리고 또 큰 보살과 벽지불과 아라한에게 공양을 할지라도 이 사람이 얻은 바의 공덕은 이 법화경의 이에 네 구절의 한 게송에 이르러서 받아서 가지는 것만 같지 못하니 그 복이 가장 많으리라.

　부처님께옵서 모든 법의 왕이 되시는 것과 같이 이 경도 또한 다시 이와 같아서 모든 경 가운데 왕이니라.

　수왕화여, 이 경은 능히 일체 중생으로 하여금 모든 괴로움과 번거로움을 떠나게 하며, 이 경은 능히 일체 중생을 크게 넉넉히 이익되게 하여 그 원을 가득 채우게 하느니라.

　횃불이 어둠을 없애는 것과 같이, 이 법화경도 또한 다시 이와 같아서 능히 중생으로 하여금 일체 괴로운 것과 일체 병의 아픔을 떠나게 하고 능히 일체의 나고 죽음의 묶임을 풀게 하느니라.

착하고 착하도다. 착한 남자여, 너는 능히 석가모니 부처님의 법 가운데에서 이 경을 받아서 가지고 읽고 외우며 깊이 생각하고 다른 사람을 위하여 설하였으니, 얻은 바의 복과 덕은 헤아릴 수 없고, 가이 없어서 불이 능히 태우지 못하고, 물도 능히 빠지게 하지 못할 것이니, 너희 공덕은 일천 부처님께옵서 함께 설하시어도 능히 다하지를 못하느니라. 너는 지금 이미 능히 모든 마적을 멸망시키고 나고 죽는 것의 군사를 무너뜨리고 모든 나머지 원한의 적을 모두 다 꺾어 없애었느니라.

착한 남자여, 백천의 모든 부처님께옵서 신통의 힘으로써 함께 너를 지키고 두호하나니 일체 세간의 하늘과 사람가운데에서 너와 같은 자가 없느니라. 오직 여래를 제외하고는 그 모든 성문이나 벽지불이며 이에 보살의 사리에 밝은 지혜와 선정에 이르기까지라도 너와 더불어 견줄 자가 있을 수 없느니라.

내가 멸도한 뒤의 후 오백세 가운데에서 널리 베풀어서 펴져 나가게 하여 염부제에서 하여금 끊어지고 끊어져서 악한 악마와 마군이의 백성과 모든 하늘과 용과 야차와 구반다들이 그 편의를 얻음이 없게 할지니라.

이 경은 곧 염부제 사람의 병에 좋은 약이 되느니라. 만약 사람이 병이 있어 이 경을 얻어 들으면 병이 곧 사라져 없어지고 늙지도 않고 죽지도 아니하고 생명이 영원함을 얻게 되느니라.

于時 一切衆生 喜見菩薩 於大衆中 立此誓
우시 일체중생 희경보살 어대중중 입차서

言 我捨兩臂 必當得佛 金色之身
언 아사양배 필당득불 금색지신

　자기의 양팔을 태워 공양으로 올려 부처님의 몸을 얻는
다. 법화경의 유포를 위촉받고 일동은 기쁨에 잠겨 있다.
그때, 숙왕화보살이 부처님 석가세존에게 약왕보살이 자유
자재로 설법하는 능력의 근원은 어떤 연유에서 인한 것인
가를 듣고 싶다고 질문했다. 자기의 표본으로 삼고 싶었기
때문이었다. 부처님은 약왕보살의 숙세인연을 설하기 시작
한다. 그렇게 하여 [약왕보살본사품]은 시작된다.

　먼 옛날 일월정명덕여래라는 부처님이 있었는데, 그 불국
토에는 제자로서 많은 보살들이 있어 모두 노래를 부르며
부처님을 공양했다. 그중에 한 사람인 일체중생희견보살도
법화경과 일월정명덕여래를 일념으로 공양하고 있었지만,
그것만으로는 더 이상 만족할 수 없었으므로 자기의 육신을
공양하기로 결심했다. 그리하여 천이백 년 동안 향과 꽃과
향기로운 기름 등을 먹고 일월정명덕여래의 앞으로 가서 예
배드리고 자신의 육신을 태워 소신 공양을 했던 것이다.

일체중생희견보살의 육신은 찬란한 빛을 내면서 타기 시작했고, 팔십억 항하사의 넓은 세계와 모든 어둠을 밝고 환하게 비추었다. 그 광명을 비추어진 무한한 세계의 부처님들은 합창하여 일체중생희견보살을 찬양했다. "성스러운 공양이란, 참으로 이런 것이다. 아무리 많은 재물로 공양한다 할지라도 일체중생희견보살의 공양에 견줄만한 것은 없다. 이것이야말로 제일의 보시이다." 이 일체중생희견보살의 몸은 오랫동안 꺼지지 않고 불타면서 부처님을 공양한 후에 사라졌다. 이것이 희견보살의 기도와 수행이다.

그러나 일체중생희견보살은 다시 일월정명덕여래의 국토에 정덕왕의 왕자로 태어나서 부처님의 은혜에 보답하려고 부처님에게 가서 예배한다. 부처님은 매우 기뻐하며 "오늘 밤 열반에 들 것이다."라고 처음으로 일체중생희견보살에게 밝히면서 다음과 같이 말했다. "내 유골을 모아 세상 사람들이 공양할 수 있도록 많은 탑을 세우라." 일체중생희견보살은 팔만사천의 탑을 세워 그 앞에서 자기의 팔을 불에 태웠다. "복덕으로 장엄된 팔을 태워서 칠만이천 년을 공양했다." 이렇게 부처님의 가르침이 후세에 길이 전해지도록 자신의 육신까지 버린 것이다. 부처님은 이러한 일체중생희견보살이 지금 자유자재롭게 법을 설하는 약왕보살이라고 한다.

[약왕보살본사품]은 부처님께 은혜에 보답하기 위하여 일체중생희견보살이 몸을 불태워 빛을 내면서 공양을 하는 내용을 기록하고 있다. 본사란 '부처님이나 불제자에 대한 과거세의 이야기'를 의미한다. 약왕보살의 본사를 설명함으로써 부처님은 중생에게 법화경을 유포하여 실천하기 위한 한 방법, 즉 방향을 제시하고 있다. 오직 은혜 갚는 길이다.

우리가 세상으로부터 입은 은혜를 갚는 길은 내 믿음이나 사상의 순수함이나 고결함 보다는 내 앞에 앉아 있는 사람을 더 바라보는 것이다. 사상보다 믿음보다 더 중요한, 소중한 사람이 앞에 있다는 것을 잊지 말아야 한다. 내가 옳은 것이 중요한 것이 아니고 우리가 같이 행복한 것이 훨씬 중요하는 것을 아는 자체가 부처의 지혜이다. 그래서 나이 먹는 것을 두려워 말고 오직 세상에 가득한 부처님들께 공양하는 열정이 식는 것을 두려워해야한다. 내 앞에 앉아 있는 사람은 나의 운명을 가장 가치 있는 행복으로 가져다 줄 사람이다. 과연 나 자신은 그 사람에게 무엇을 가져다 줄 것인가 불행인가 행복인가. 나를 필요로 할 때는 나의 모든 것인 몸둥이라도 바쳐야 할 것이다.

나를 필요로 하는 사람에게는 나 자신은 축복 그 자체가 된다. 그래서 가장 먼저 나와 가까운 사람을 사랑하고 공경해야 한다. 가족과 이웃은 내가 태어날 때부터 죽는 날까지

나와 함께 해주는 동반자며 보호자가 된다. 그래서 항상 감사해야 한다. 누구나 감사하는 가운데서 기쁨을 알게 된다. 기쁨이란 감사하는 가운데서 뿜어나오는 샘물과 같다.

세상에 완벽한 사람은 없다. 어떤 사람이 완벽하게 보인다면 그것은 분명 내 자신이 그 사람에 대해 잘 모르고 있다는 사실이 분명하다. 부처님은 남이 잘해주기를 바라지 말라 하였다.

큰 자는 형이 삼고 작은 자는 아우를 삼아라. 혹은 가족이나 이웃을 업신 여기거나 말다툼을 한다면 부처님의 제자로서 부끄러운 일이다. 병든 사람이나 보잘 것 없는 사람을 더욱 반갑게 맞아 대접하고 간호하여 공양 공경하라.

그들이 부처임을 깨달아 내 스스로 자신의 마음을 경영과 소통을 할 줄 알아야 세상에서 제일가는 경영자가 된다.

묘법연화경 묘음보살품 제24 요지

　세존이시여, 제가 지금 사바세계에 나아가는 것은, 모두 바로 오직 여래의 힘이시오며, 여래의 신통으로 즐겁게 노니는 것이오며, 여래의 공덕과 사리에 밝은 지혜로 꾸미고 치장하심 이옵니다.

　화덕이여, 이 묘음보살은 능히 사바세계의 모든 중생을 구원하고 묘음으로써 두호하는 자이니라. 이 묘음보살은 이와 같이 가지가지의 변화로 몸을 나타내어서 이 사바국토에 있으면서 모든 중생을 위하여 이 경전을 설하되 신통변화와 사리에 밝은 지혜는 줄거나 감하는 바가 없이 오직 일체 생명과 함께 하느니라.

是 妙音菩薩 能救護 娑婆世界 諸衆生者
시 묘음보살 능구호 사바세계 제중생자

是 妙音菩薩 如是 種種 變化現身
시 묘음보살 여시 종종 변화현신

부처님께 공양하고 중생을 구제한다. 아득히 멀고 먼 곳에 정광장엄이라는 나라가 있고, 정화숙왕지여래가 불법을 열심히 설하고 있는 장면이 보인다. 그 나라에는 묘음보살이 있었다. 그 보살은 광명이 비쳐왔으므로 갑자기 부처님 석가세존이 있는 사바세계로 가고 싶어졌다. 정화숙왕지여래에게 자기의 원을 말하자, 여래는 기뻐하면서 한 가지 주의할 점을 이야기한다.

"부처님이 머무는 사바세계에 가는 일은 매우 좋은 일이다. 그러나 사바세계는 우리나라처럼 아름답지 않고 부처님의 신체도 보살의 신체도 크지는 않지만 결코 가볍게 생각해서는 안된다." 여래에게 은혜에 감사하던 묘음보살은 선정에 들어, 그 염력으로 영축산으로 내려온다. 영축산은 팔만사천의 아름다운 연꽃이 돌연히 활짝 피어 묘음보살이 온 것을 환영하고 있다. 문수사리는 감격하여 "어떻게 하여 묘음보살은 이렇게 훌륭한 대신통력을 얻었습니까." 하고 부처님에게 물었다.

이 질문은 모든 보살이 품고 있는 의문이었다. 또한 보살들은 묘음보살을 만나보고 싶다고 원했다. 다보여래의 부름을 받고 묘음보살은 기뻐하며 사바세계에 와서 부처님을 친견하고, 다보여래에게 예배를 드리자 다보여래는 그 덕을 칭찬한다. "묘음보살아, 너는 부처님을 공양하고, 법화경을 듣고 불제자들을 만나기 위하여 이 사바세계에 왔다.

그것은 훌륭한 일이다." 화덕 보살이 "묘음보살은 어떻게 이렇게 많은 덕을 쌓았는가." 라고 질문했다. 부처님은 그 연유를 설명한다. "화덕아, 과거에 운뢰음왕불이 있었는데 그 덕을 찬양하기 위하여 묘음보살은 일만이천년 동안 아름다운 음악을 연주하고 팔만사천의 칠보로 된 발우를 바쳐 올렸느니라. 그 공덕에 의해 정화숙왕지여래의 나라에 태어나 십육신통력을 얻게 되었다. 묘음보살은 과거에 많은 부처님을 공양했던 것이다."

묘음보살은 서른네 가지의 모습을 나타내어 중생의 근기에 따라서 법을 설한다. "혹은 범왕의 몸을 나타내며, 혹은 제석의 몸을 나타내고, 혹은 자재천의 몸을 나타내며, 혹은 대자재천의 몸을 나타내고, 혹은 천대장군의 몸을 나타내며, 혹은 비사문천왕의 몸을 나타내고, 혹은 전륜성왕의 몸을 나타내며, 혹은 모든 소왕의 몸을 나타내고, 혹은 장자의 몸을 나타내고, 혹은 거사에 몸을 나타내고, 혹은 재관의 몸을 나타내고, 혹은 바라문의 몸을 나타내고, 혹은 비구. 비구니. 우바새. 우바이의 몸을 나타내고, 여자. 남자. 어린아이. 팔부천룡.... 이 경을 설한다."

[묘음보살품]는 "너는 그 나라를 가벼히 여기거나 하열하다 생각을 내지 말라." 부처님의 이상의 세계에서 현실인 사바세계로 오신 묘음보살이 어떻게 대 신력의 부처님의 지혜와 몸을 지니게 된 것인지 설해주는 품이다. 몸은 비록 세상 일에 묶여 있더라도 마음 일랑 한가롭게 세상 일을 벗어 놓고 살아가는 대 자유의 몸으로서, 재물은 가난했어도 마음은 높게 쓰는 그 마음이 묘음보살처럼 자유 자재로 걸림 없이 살아가게 되는 신통력을 가진 참 모습이다. 다겁생을 살아오면서 오직 부처님께 공양 올리는 일을 수행 공덕의 쌓아온 보살이다. 수행과 기도 그 자체였다.

삶은 어차피 연극이다. 좀 멋들어지게 연극하라. 마음의 도화지에 원하는 삶을 자꾸 그리다 보면 어느새 그 그림이 살아서 뛰어 나온다. 이왕이면 다른 사람과 내가 함께 행복해지는 최고의 좋은 그림을 자꾸 그려야 한다. 나와 마주하고 앉아있는 사람과 여러 가지 형태에서 자유를 노래하며 화목을 이루어 가는 것이 인생의 작품 중에 최고의 걸작이라 하겠다. 묘음보살이란 자유를 노래를 즐기며 실천하는 자로서 상대가 괴로울 때 함께 위로 해주고, 즐거울 때 함께 즐거워하는 사람이며, 어려움에 있을 때 기도하는 사람에게 반듯이 대 신력으로 소원을 들어 주는 분이다.

부처님께 공양하는 말은 불공이라 한다. 묘음보살은 세상살이의 행복의 전도사로서 불공 잘하는 대표적인 불자를 말한다. 부처님이란 항상 나와 마주한 사람이다 묘음보살은 그들을 향하여 감사의 말, 겸손한 말, 부드러운 말, 미안해 하는 말, 반성하는 말, 희망을 주는 말을 하여 세상을 즐겁게 만들어 간다.

불자들이여, 묘음보살이 되고싶지 않은가. 세상에 아름다운 소리가 가득하도록 묘음보살의 합창부를 만들어 음성 고양으로 허공을 마음껏 울려보자. 부처님의 법으로 나팔을 힘차게 불어보라. 나 자신을 소리쳐 불러보라. 그리고 크게 질문하라. 살아있는 생명이며 광명의 빛이 였음을 깨닫게 된다.

묘법연화경 관세음보살보문품 제25 요지

곧 때에 관세음보살께서는 모든 사중과 그리고 또 하늘과 용과 인비인 들을 불쌍히 여기시고 그 영락을 받으시어 나누어 두 몫을 만드시어, 나눈 하나는 석가모니 부처님께 바치시고, 나눈 하나는 다보여래 부처님 탑에 바치셨소이다.

신통의 힘을 흡족하게 갖추고 지혜의 방편을 널리 닦아서 시방의 모든 국토에 몸을 나타내지 아니하는 세계가 없느니라. 슬픔을 몸으로 하여 죄악을 저지르지 못하도록 우레가 진동하며, 사랑하는 뜻은 묘한 큰 구름이 되어 온 세상을 감로의 법비로서 적시어서, 중생들의 번뇌의 불꽃을 꺼서 모두 소멸하느니라.

일체의 공덕을 갖추고 사랑스런 눈으로 중생을 보며, 복무더기의 바다는 헤아릴 수 없나니, 이런 까닭으로 응당 이마를 땅에 대어 절을 하게 되느니라.

受諸苦惱 聞是觀世音菩薩 一心稱名 觀世
수제고뇌 문시관세음보살 일심칭명 관세

音菩薩即時 觀其音聲皆得解脫
음보살즉시 관기음성개득해탈

　관세음보살의 중생구제의 서원은 바다같이 깊다. 인생에서 가장 괴로울 때, 절대적 힘을 지닌 그 무엇에 자신을 의지하고 싶은 것이다. "만일 한량없는 백천만억 중생들이 여러 가지 괴로움을 받을 적에, 관세음보살의 이름을 듣고, 관세음보살을 일심으로 부르면 관세음보살이 곧 바로 그 음성을 듣고 모두 고통에서 해탈을 얻게 하느니라." 사람들이 관세음보살의 위신력에 의해 고난에서 구원받은 예는 엄청나다.

　"관음의 묘한 지혜의 힘이 능히 세간의 고난을 건지느니라. 신통력을 구족하고 널리 지혜의 방편을 닦아서 시방의 모든 국토에 몸을 아니 나타내는 국토가 없고 가지가지의 모든 악취, 지옥, 아귀, 축생 그리고 생로병사의 고통을 점차로 다 소멸케 함이니라." 법화경을 믿는 사람의 강력한 힘은 바로 여기에 있다. 설령 지금 살해당할지라도 일심으로 관세음보살만 부르면 반듯이 살아난다는 확신이 있기 때문이다.

관세음보살의 위신력에 의해 고뇌에서 완전히 벗어난 사람들은 자연히 관세음보살에게 매달릴 수밖에 없다. 관세음보살은 여래가 아니며 여래의 32응신 화신이다. 성불을 위한 일보 전진한 중생구원이 수행인 보살로써 사람이다. 중생을 구원하는 분은 오직 여래뿐이다. 그러므로 구원을 얻으려고 신통력에 매달릴지라도 그것은 부처님의 구원이 아니다. 오히려 보살로서 "일체의 공덕을 갖추고 자비의 눈으로 중생을 보면, 그 공덕의 쌓임이 바다와 같이 무량함"을 믿고, 부처님께 조금이라도 가까이 접근해 가는 수행이 무엇보다 귀중하다.

인생은 고뇌로 가득 차 있다. 그것은 힘 있는 자들이 인간의 존엄성을 무시한 채 다른 사람의 소유물을 부당한 방법으로 탈취하여 탐욕심을 충족시키려는데 주된 원인이 있다. 탐욕을 멀리하려고 한다면, 관세음보살처럼 자비심을 갖고 모든 사람들의 고통을 관찰하여 그 고통의 원인을 적극적으로 제거하지 않으면 안된다. 인생! 아무리 욕망을 충족시키려 해도 충족되지 않는다. 그것보다는 싸움을 중지하고 따뜻한 정으로 서로 협력하며 살아가는 일만큼 더 즐겁고 보람찬 일은 없을 것이다. 관세음보살의 마음과 똑같은 마음을 지니고 이 고통스러운 세상을 살아가면 광명으로 가득찬 인생이 될 것이다. 따라서 부처님 석가세존의 가르침인 법화경을 충분히 이해하고 실천하고 수호하고 널리 전도하는 일이 무엇보다 시급한 일이다.

[관세음보살보문품]는 관세음보살의 신통력을 찬양하고, 그것을 인생의 목표로 삼고 법화경을 자신의 것으로 만들어 수행하는 일이 인생의 고해에서 벗어나는 가장 좋은 길 임을 제시하고 있다. 뭔가에 매달릴 것이 아니라 자기 자신이 관세음보살이 되는 길, 관세음보살의 지혜를 자신의 소유로 만드는 일이 관세음보살보문품의 핵심적인 목적이다. 보살이란 부처님의 지혜로서 자신을 "보살"피는 자며, 세상을 "보살'피는 자로서 보살도를 실천에 옮기는 자이다. 세상을 보살펴라.

아침에 눈 뜨면 가장 먼저 속삭여 본다. '나는 오늘 내 스스로 주도해서 이끄는 내 삶을 살아 보겠다.' 그리고 잠자리에서 일어나서는 마치 내 꿈이 벌써 이루어진 것처럼 자신감을 가지고 행동한다. 그러면서 열심히 준비를 하라. 그러면 신기하게도 그 꿈은 이루어진다.

"모든 선남자들이여, 두려워하지 말고 너희들은 일심으로 관세음을 염불하라. 그러면 관세음보살이 두려움이 없는 것을 중생들에게 베푼다. 너희들이 만일 관세음보살의 이름을 부르면 이 무서운 도적들로부터 반듯이 벗어나게 되리라."

수행은 다른 사람과 경쟁이 아니다. 오직 자신과의 벌이는 장기 레이스라는 사실을 기억해 낸다.

우리는 편견과 집착에 대하여 변명이 너무 많다. 제발 정신 차려야겠다. 자신의 세계를 만들어 내는 사람은 바로 자신일 뿐이다. 길 드려지지 않은 마음 그곳에 근심과 걱정이 가득차 있다. 마음을 믿지마라. 그 대신 마음 자체를 만드는 조건을 똑바로 보라. 그 순간은 바로 관세음 보살이다. 괴로움과 고액은 그곳에서 생겼다 사라질 것이다. 그것이 인생의 마음이다. 인생은 저마다의 속도가 있다. 자신의 속도에 맞춰 살아가면 된다.

세상 모든일은 내 말, 내 생각, 내 꿈대로 이루어져 간다 그래서 지혜란 쓸 때 그곳에서 생긴다. 부처의 지혜를 가진자는 과거나 현재나 미래에 연연하지 않으며 지금 이 순간을 노력하여 살아간다.

묘법연화경 다라니품 제26 요지

약왕보살 다라니주, 요시보살 다라니주, 비사문천왕 다라니주, 지구천왕 다라니주, 십나찰녀 귀자모신 다라니주......

차라리 저의 머리위에 오르게 할지언정 법화행자의 5종의 법사를 보호하여 괴롭히거나 번거롭게 하는 것을 없애오리라. 만약 제 주문을 따르지 않고, 법을 설하시는 자를 괴롭히고 어지럽게 하는 자는 머리를 깨어서 일곱으로 조각을 내어 아리수(수양버들)가지와 같이 할 것이며, 부모를 죽인 죄와 같이 하고 또한 기름 짤 때의 허물과, 말과 저울로 사람에게 거짓말하거나 속이는 것과, 조달이가 승가를 깨트린 죄와 같이 하리니, 이 법사를 범하거나 비방하거나 가볍게 여기는 자는 마땅히 이와 같은 처절한 벌 내림을 얻으리라.

착하고 착하도다. 너희들이 다만 능히 법화경의 이름만

받아서 가지는 자를 호위하고 보호하여도 복은 가히 헤아리지 못하거늘 어찌 하물며 흡족하게 갖추어 받아서 가지고 경권을 공양하는 자를 호위하고 보호함이랴.

善財善財 汝等但能擁護 受持法華名者 福
선재선재 여등단능옹호 수지법화명자 복

不可量 何況擁護 具足受持 供養經卷
불가량 하황옹호 구족수지 공양경권

다라니를 외워 법화행자를 보호한다. 부처님의 제자이며 사도인 약왕보살과 용시보살 두 사람이 법화경을 수호하고 법화경을 설하는 법사에게 다라니 주문을 주어 지키고 보호 하겠습니다. 그리고 정진수행에 전력할 것임을 맹세하고 다라니주를 외우기 시작한다.

"아녜 마네 마네 마마네 칫테 차리테 사메 사미타 비산테 묵테 묵타타메 사메 아비사메 사마사메 자예 크사예 아크사예 아크시네 산테 사미테 다라니 아로 카바세 프라타베 크사니 니디루 아뱐타라니비스테 아뱐타라파라슷디 웃쿠레 뭇쿠레 아라테 파라테 수캉크시 아사마사메 붓다비로키테 다르마파리크시테 상가니르고사니 니르고사나 바야바야비소다니 만트레 만트라크사야 비나타예 박쿠레 바로다

아마냐나타야 스바하,"...(불가사의 함이여, 생각이여, 마음이여, 무심이여, 영원이여, 수행이여, 적정이여, 담백이여, 변화에 의한 이탈이여, 해탈이여 등등).....''수호신장들의 신통자재한 능력을 부리는 다라니주를 5종 법사인 불자들를 보호하기를 맹세하며 모든 사람들이 일제히 외우기 시작한다. 부처님 석가세존도 다라니주를 듣고 크게 만족하면서 "착하고 착하다 약왕보살이여. 그대가 이 법화경의 가르침을 전하는 연꽃법사를 아끼고 보호하려는 이 다라니를 설하였으니 모든 중생에게 많은 이익이 있으리라."

용시보살도 다라니주를 외우기 시작한다. 사람들은 여기에 동화되어 음율을 맞추어 일제히 암송하기 시작했다.
"즈바례 마하즈바례 욱케 툭케 아례 아라바티 느레테 느리탸바티 잇티니 빗티니 칫티니 느리탸니 느리탸바티 스바하"

비사문천왕도 "부처님이여, 나도 또한 중생을 연민하고 법화경을 설하는 5종 법사를 보호하기 위하여 다라니를 설하겠습니다.
"앗테 탓테낫테 바낫테 아나데 나디 쿠나디 스바하.''

지국천왕도 "세존이시여, 나 또한 다라니신주로써 법화경을 수지한 사람을 옹호하리라.

아가네 가네 가우리 간다라 찬다라 마탕기 풋카시 상쿠레
부루사리 시시 스바하."

이때 열명의 나찰귀도 앞 다투어 주문을 설하여 법화경을
보호 하겠다고 맹세한다.
"이티메 이티메 이티메 이티메 이티메 니메 니메 니메 니
메 니메 루혜 루혜 루혜 루혜 루혜 수투혜 수투혜 수투혜
수투혜 스바라."

"차라리 저의 머리위에 오르게 할지언정 법사를 괴롭게
하는 것을 없애리라. 만약 제 주문을 거역하고, 법을 설하
는 자를 괴롭히는 자는 머리를 깨어서 일곱 조각으로 갈기
갈기 찢어놓고, 부모를 죽인 죄와 같이하고, 또한 기름 짤
때의 허물과, 말과 저울로 사람에게 거짓말하거나 속이는
것과, 승가를 깨트린 죄와 같이 하리니, 법사를 해치는 자
는 두말없이 이런 고통과 재앙을 받게 하리라."

약왕보살, 용시보살, 비사문천왕, 지국천왕, 고제, 나찰
녀들이여, 그대들과 그대들 모든 권속들은 마땅히 법화경
과 나의 바른 법을 전하는 법사들을 다치게 해서는 않되고
반드시 지켜야 하느니라.
여기에서 부처님의 지혜를 얻고자 법화경을 수지한 사람
을, 하늘의 타종교 신들까지 분명히 수호한다고 스스로 맹세

를 밝히고 있다. 왜냐하면 비사문천왕과 지국천왕은 바라문교의 신이기 때문에 더욱 다라니품의 약속에 의미가 큰 것이다. "이 다라니에 관한 일을 설할 때에 육만팔천 명이 모두 불생불멸의 지혜인 무생법인을 얻었다." 라고 하였다.

[다라니품]에서는 법화경을 수지한 자, 즉 여래의 사도인 보살을 바라문교의 신들을 위시하여 악귀로 여겨지는 십인의 나찰녀와 귀자모조차도 수호한다는 내용을 설하고 있다. 나눔의 보살행을 실천하는 불자는 남이 욕을 하면 조용히 받아들여 나를 낮추어 버린다. 왜냐하면 10초 동안 만 자존심을 버리고 나를 낮춰 '아이고 죄송합니다.'하면 그 다음은 없다. 그것은 꼬리를 물지 않았기 때문이다. 남에게 상처주는 말을 잘하는 사람을 가만히 보면 본인이 불행해서 그러는 것이다. 자라온 성장 배경이나 지금 처한 상황이 불행하니 잠재되어 가시 돋쳐 있다가 불숙 뛰쳐나오는 말이다. 대꾸하지 말고 "니 참 불쌍타." 언제 철이 들랴냐, 니 염불 좀 하거라. 나는 이렇게 너를 위하여 살고 있노라.

묘법연화경 묘장엄본사품 제27요지

선지식이란 자는 바로 큰 인연이니, 이른바 교화하고 인도하여 부처님 뵈옴을 얻게하고, 위없이 높고 바르며 크고도 넓으며 평등한 깨달음의 마음을 일으키게 하느니라. 모든 부처님의 거처에서 법화경을 받아서 가지고 삿되게 보는 것에 머물게 하였느니라.

세존이시여, 일찍이 있지도 아니하고 보지도 못하였나이다. 여래의 법이란 가히 생각으로 할수도 없으며, 논의하지 못할 미묘한 공덕을 흡족하게 갖춤을 성취하였으므로 가르치 심의 계로써 행하는 바는 편안하게 의지하여 시원하며 참으로 좋사 옵니다. 저는 오늘날부터 다시는 스스로의 마음을 따라서 행하지 아니하고, 삿되게 보는 것과 교만함과 거만함과 성냄과 분내는 모든 악한 마음을 내지 아니 하오리라. 오직 부처님의 바른 법만 실천하고 따를 뿐입니다.

我從今日 不復 自隨心行 不生私見 驕慢嗔
아종금일 불복 자수심행 불생사견 교만진

恚 諸惡之心
애 제악지심

아버지인 왕을 교화한다. 운뇌음숙왕화지불의 국토에 묘
장엄이라는 왕과 정덕이라는 부인이 있었는데, 그 사이에
는 정장과 정안이라는 두 왕자가 있었다. 부처님 석가세존
은 이 네사람의 이야기를 엮어 간다. 뛰어난 지혜와 자비를
지니고 대 신력으로 육바라밀을 실천하고 37조도품을 통달
하였던 정장과 정안의 두 왕자는 운뇌음숙왕화지불의 처소
로 가서, 법화경을 배우려고 생각하던 중에 부모도 함께 가
면 좋을 것이라고 생각하여, 먼저 모친과 의논했다.

모친은 마음으로 부처님을 염불하고 "기적을 일으켜서
바라문교를 믿고 있는 부왕의 마음을 감복시키면 어떨까."
라고 제안한다. 정장과 정안은 모친의 제안을 동의하고, 부
왕의 앞으로 가서 몸을 공중으로 높이 날려 자유자재로 떠
다니면서 여러 가지 기적을 연출한다. 부왕은 놀라서 "너
희들의 선생은 도대체 어떤 분인가."라고 묻자, 두 아들은
운뇌음숙왕화지불이라고 대답했더니, 왕은 감탄하여 두 왕
자의 출가를 허락하고, 자기도 권속과 신하들을 데리고 부
처님의 설법을 들었다.

‘부처님의 지혜’를 이해한 왕은 동생에게 왕위를 물려주고, 부인과 권속들과 함께 출가하여 팔만천년 동안 열심히 정진하여 법화경을 수지하고 일체정공덕장엄 삼매를 얻었던 것이다. 부왕은 두 왕자의 인도에 깊은 감사를 표시했다. 부처님은 묘장엄왕의 일가에 대한 이야기를 끝낸 후, 더욱 불가사의한 이야기를 한다.

　“이 묘장엄왕이야말로 바로 화덕보살이며, 정덕부인은 광조장엄상보살이다. 두 왕자 가운데 정장은 약왕보살, 정안은 약상보살이다.” 이 말을 듣고 모여있던 사람들은 감격하여 합장예배를 올렸다. 호화스런 궁전에서 살며, 많은 권속이나 신하에게 둘러쌓여 있을지라도, ‘부처의 지혜’로 본다면, 그 안온함은 비교도 될 수 없는 것이다. 궁전을 동생에게 물려주고 국왕의 지위를 버리고 부처님의 나라에 들어가서 평안(平安)히 살아가는 기쁨만큼 소중한 것은 없다고 하는 의미를 묘장엄왕은 깨달았던 것이다.

　[묘장엄왕본사품]은 묘장엄왕이 정장과 정안이라는 두 왕자에게 인도를 받고 ‘부처의 지혜’에 따라 인생의 진실을 자각하게 되는 과정을 부처님이 사람들에게 이야기함으로써 큰 감동을 불러일으키는 품이다. 묘장엄왕은 국민에게 있어서는 국왕이며, 두 왕자에게는 부친이다.

국왕이라는 지도자와 가정의 가장이라는 입장에서 일찍 육천오백만억나유타항하사의 모든 부처님을 친견하여 공경하고 공양하였으며, 모든 부처님 처소에서 법화경을 수지하는 신념과 신심의 발보리심의 태도가 이 품을 통하여 직접 전달되고 있다. 그리고 이들이 얻은 부처의 지혜는 부처님과 동등한 지위라는 사실이다.

구도자로서 일상생활에서 마음을 챙기고 있는지 자신을 낮추고 마음을 내려놓고 하심하고 있는 사람인지 아닌지를 판단하는 방법이다. 실컷 칭찬을 해주고 또 실컷 비판을 해보면 안다. 마음의 동요가 있으면 그 마음 근본의 자리를 잊고 있는 것이다. 나눔을 함께하고 보살행을 실천하는 가운데 정말로 존경받는 사람은 흔적없이 말이 없이 행으로서 태도로서 가르침을 주시는 분들이다.

자신이 좀 잘 났다고 뒷짐 지고 물러서 지켜보고 있는 게 아니라, 자신이 솔선수범 앞장서는 모습에서 큰 감동을 하고 모두가 하심(下心)을 하게 되어 자연스럽게 부처님의 품에 안기게 된다.

부처의 지혜인 "하나인 도(道)란 그것은 비고 고요하여 만물이 가지런히 평등하다. 무엇이 귀하고, 무엇이 천하며, 무엇이 욕되고, 무엇이 영화로우며, 무엇이 수승하고, 무엇이 열등하며, 무엇이 무겁고, 무엇이 가벼우랴, 부처의 지혜를 실현하는 현명한 보살들에게 이 도는 이롭고 곧 도다."

깨달음은 원함과 번뇌를 원하지 않음은 둘다 모두 갈애(渴愛)다. 이것들은 동일한 것의 양극단일 뿐, 이 욕망들이 존재하는 바로 그 자리에 부처님의 참 뜻을 깨달을 수 있다. 이것들은 단지 마음의 움직임으로 찰라간에 나타났다. 사라지는 현상 모두가 도(道)라 하였다.

갈애에서 비롯되어 탐심이 일어나고, 탐심을 다스리지 못하면 화가 일어난다. 이 때에 화를 참으면 병이 되고, 터트리면 죄가 된다. 그래서 참지도 말고 터트리지도 말고 오직 부처의 지혜로서 알아차리면 사라진다는 가르침이다.

불자들이여, 마음 챙기는 수행과 육바라밀의 보살행을 함께 실천할 것을 명심하기 바란다. 이것은 새의 두 날개와 같은 것이다.

묘법연화경 보현보살권발품 제28 요지

네 가지의 법을 성취하여야, 여래가 멸한뒤에 마땅히 이 법화경을 얻느니라.

첫째는 모든 부처님께옵서 생각하시어 두호하심이 됨이요.

둘째는 많은 덕의 근본을 심음이요.

셋째는 바른 것의 정해진 것이 쌓임에 듦이요.

넷째는 일체 중생을 구원할 마음을 일으킴이니라.

착한남자, 착한여인이 이와 같은 네 가지의 법을 성취하여야 여래가 멸 한뒤에 반듯이 이 경을 얻느니라.

그 때에 보현보살께서 부처님께 아뢰어 말씀드리되, 세존이시여, 후 오백세의 흐리고 악한 세상 가운데서 그 이 경전을 받아서 가지는 자가 있으면 제가 마땅이 지키고 두호하여 그의 쇠약함과 병 듦을 없애며 편안하게 의지함을 얻게하고 그 편리를 엿보아 구하여 얻는 자가 없게 할 것이되, 만약 악마와, 만약 악마의 아들이나, 만약 악마의 딸이

나, 만약 악마의 백성이나, 만약 악마가 붙은 바다가 된 자나, 만약 야차나, 만약 나찰이나, 만약 구반다나, 만약 비사나나, 만약 길차나, 만약 부단다나, 만약 위타라 등 모든 사람을 괴롭히고 고뇌롭게 한 이들 다, 그 악마들이 뜻을 얻지 못하게 하여 편하지 못하게 하오리다......

보현이여, 만약 이 법화경을 받아서 가지고 가거나, 외우거나, 바르게 기억하거나, 생각하거나, 닦고 익히거나, 써서 베끼거나 하는 자가 있으면, 마땅히 알지니라. 이 사람들은 바로 석가모니 부처님을 친견한 것이며, 부처님의 입으로부터 이 경전을 직접 들은 것과 똑 같다. 그래서 이 사람이 바로 석가모니 부처님께 공양하는 제일가는 자가 되느니라, 마땅히 알지니라. 이 사람은 부처님이 착하다고 칭찬함이며, 마땅이 알지니라. 이 사람은 석가모니 부처님이 손으로 그의 머리를 어루만져 은혜를 내려 줌이 되며, 마땅이 알지니라. 이 사람은 석가모니 부처님이 옷으로 덮어주는 바가 되느니라.

보현이여, 만약 여래가 멸한 뒤, 후 5백세에 만약 어떤 사람이 법화경을 받아서 가지고 읽고 외우거나 베껴 쓰는 자를 보거든, 응당히 이런 생각을 하되, 이 사람이 바로 과거세 석가모니 부처님이 화현한 법화 행자로서, 이 사람은 오래지 아니하여서 마땅히 도량에 나아가 모든 악마의 무리를 깨트리고, 위없이 높고 바르며, 크고도 넓으며, 평등한 깨달음을 얻어서, 법의 바퀴를 굴리며, 법북을 치며, 법피리를 불며, 법비를 비오듯이 하며, 마땅히 하늘과 사람의 대중가운데서 사자 법자리 위에 앉으리라.

보현이여, 만약 이 경전을 받아서 가지는 자를 보거든, 마땅히 일어나 멀리서 달려가서 정성을 다하여 맞이하되, 마땅히 부처님을 공경하는 것과 같이 목숨을 다 할지니라.

是人 卽見 釋迦牟尼佛 如 從佛口 聞此經
시인 즉견 석가모니불 여 종불구 문차경

典 當知 是人 供養 釋迦牟尼佛 當知
전 당지 시인 공양 석가모니불 당지

일체중생을 구원하려는 마음을 일으켜야 한다. 진리를 깨달아 일상적인 생활 가운데 부처의 지혜를 실천하고 있는 보현보살이 동방에서 많은 보살들과 함께 사바세계로 왔다. 일행이 지나는 나라들은 기쁨에 충만되어 연꽃을 비처럼 뿌리면서 환영한다. 마침내 이들은 사바세계에 이르러 영축산에 있는 부처님 석가세존의 처소로 가서 최고의 예배와 함께 문안을 올렸다.

"세존이시여, 나는 보위덕상왕불의 국토에 살고 있습니다만, 세존께서 법화경을 이 사바세계에서 설하신 다는 말을 듣고 많은 보살들과 함께 가르침을 받고자 왔습니다. 세존께서 멸도하신 후 어떻게 하면 법화경의 가르침을 얻을 수가 있습니까." 부처님은 명백히 대답 한다. "만일, 선남자 선여인이 네 가지 법을 성취한다면 여래가 멸도한 후 마땅히 이 법화경의 진실한 공덕을 얻을 수 있으리다.

첫째는 모든 부처님에게 호념(보호)받는다는 강한 생각을 가져야 한다.

둘째는 일상생활에서 선행으로 모든 덕본을 심어야 한다.

셋째는 올바른 신앙, 흔들리지 않는 집단인 정정취(正定聚)에 들어가야 한다.

넷째는 자기뿐만 아니라 일체중생을 구원하려는 마음을 일으켜야 한다."

법화경의 가르침을 얻는다고 하는 것은 이 네 가지 법을 실천하는 일이라고 말한다. 보현보살은 완전히 이해할 수 있었으므로 부처님에게 굳은 신념을 맹세를 했다. "세존이시여, 후 오백세에 흐리고 악한 세상에서 이 경전을 수지하는 자를 내가 반듯이 수호하고 그의 환난을 제거하고 안온을 얻게 하겠습니다. 박해를 가하려고 잘못을 엿보는 자가 있으면 편리를 얻지 못하게 하겠습니다." 보현보살은 또 맹세를 한다.

"만일 이 법화경을 독송하는 사람이 있으면 여섯 개의 이빨을 지닌 흰 코끼리를 타고 대승보살과 함께 그의 처소로 가서 스스로 몸을 나타내어 공양하고 피로한 그의 마음을 편안하게 위로하겠습니다. 이것은 법화경을 공양하기 위함입니다." 그리고 보현보살은 법화경의 한 구절 또는 한 게송을 잊어버리는 사람이 있다면 함께 기억하고 독송하도록 노력하겠다고 맹세했던 것이다. 모두가 수행하는 일, 모두 성취하도록 이다라니로써 지키겠습니다. 반듯이 나눔을 함께하고자 하는 불자들의 소원이 모두 성취 될 것이라 맹세합니다.

"아난데 단다파티 단다바르타니 단다쿠사레 단다수다라 수다리 수다라파티 붓다파사네 사르바다니아바르타니 삼바르타니 상가파리크시테 상가니르카타니 다르마파리크시테 아누바르테 바르타니 바르타니 스바하."

이 보현보살다라니는 수행중 좌선. 기도. 염불. 간경. 암송. 발원할 때 어떠한 장애나 마구니의 장난이 있을 때, 신통력을 체험하게 되는 주문이다. 21번씩 또는 21일간 기도 간을 정해놓고 암송하면 된다.

[보현보살권발품]은 보현보살이 이 사바세계에서 부처님께서 법화경을 설하는 것을 듣고 싶어서 수많은 보살을 동반하여 영축산으로 왔던 것이며 또한 법화경의 공덕이 여래가 멸도한 후 어떻게 하면 유지될 수 있는가를 직접 확

인하는 모습을 보여 준다. 보현보살은 행동으로 실천하는 보살이다. 따라서 이 보현보살이 법화경을 실천하는 사람을 공양하고 수호하겠다고 맹세하는 법화경의 마지막 품임을 명심하고 법화행자들은 실천을 다짐해야 한다.

부처님법을 멀리 유통하는 보현의 실천 행은 제불(諸佛) 공양이므로 가정에서 가족끼리 먼저 소통하는 부처의 지혜로 자연스레 이루어져야 한다. 가족은 영원한 도반이며 동반자이다. 내가 이 세상을 태어날 때도 함께 해 주었으며, 나의 죽음 앞에서도 함께 해줄 보호자란 사실이다. 그런데 나 자신은 가족을 뒷전으로 하고 일생을 누구를 위하여 그리도 바쁘게 살아가는지 도무지 알 수 없다.

하루 일과 중에 보호자인 가족과 서로 함께 웃음을 나누며 격려와 칭찬과 위로를 나누는 시간은 과연 얼마나 될까. 가족과 정을 나누는 웃음은 사라지고 세상 사람과 비웃음만이 커져가는 자기 인생의 삶에 의미는 있을까.

돈과 명예보다 더 귀중한 것은 내가 가진 "자유"일 것이다. 좀 힘들어도 가족을 떠난 속박으로부터 자유를 희구하는 내가 원하는 방식의 삶을 만들어 가면, 남의 눈치나 보며 돈을 조금 더 버는 일 또는 남이 알아주는 명예보다 훨씬 나으리라. 나의 자유를 명예에 노예가 되지 말고, 돈 받고 팔지 말아야 한다. 부처의 지혜는 나의 자유를 가족과도 함께 누려가는 것이다.

불자여 게으르지 말라 "옥토끼(달)가 뜨고 지는 것은 늙음을 재촉하고, 까마귀(태양) 들락 날락 세월만 가네, 명예나 재물은 아침에 이슬이요, 혹 괴롭고 혹 영화스럽도 저녁 연기와 같네, 은근히 너에게 도 닦기를 권하노니 빨리 불과를 얻어 중생을 건지라, 이번 생에 만약 내 말을 듣지 않으면 오는 세상은 당연히 한탄하리라."

아 아 마음이 아프고 슬프도다!
그대들에게 천만번 바라노니 빨리 부처의 큰 지혜 밝혀라. 신통변화를 구족하고 무한 능력의 재능을 갖추어라. 거친 파도에서 지혜의 반야 용선이 되어 탐욕의 암흑에서 헤매는 무리들 중생 제도하라. 보지 못했는가 과거의 부처님고 그 많은 큰 스님들도 모두 우리와 같이 범부였다는 사실을....!

세상에 제일가는 기적이 있다. 절망과 좌절이 있을 때 무너지지 않고 그대로 있는 일이다. 자신의 능력에 의탁하지 말고 내면의 무한한 능력인 불성을 끌어내어 무기로 써라.

부 록

법화경을 아는 척 웃기지마

"비구들이여, 그들은 무엇에 의해 불타고 있는가. 탐욕의 불길에 타오르고, 성냄의 불길에 타오르고, 어리석음의 불길에 타오르고 있는 것이다.(잡아함경)"

부처님이 무엇 때문에 이 세상에 출현했는가 하는 본심을 바꾸어 말하면 부처님의 "삶의 보람. 목적이 된다." 모든 중생이 부처가 된다는 가르침은 한 사람도 빠짐없이 구제한다는 대승 불교의 진수를 나타내고 있는 것이며 그 원동력은 중생이 모두 내 아들이라고 보는 부처님의 자비의 힘인 것이다.

그래서 법화경에서 "세상에 출연하시는 목적 즉 일대사인연"에 대한 대목을 보고 있을 때 자신을 돌아보아야 하는 내용이다. "과연 나는 무엇 때문에 사람으로 태어났으며 또 어떤 목적을 가지고 살아가는가"하고 자기를 응시하며 읽는 것이 참답게 경을 읽고 보는 방법이다. 그리고 경에서 말하는 인연에 대해서는 어렵게 생각하지 말고 "이유.상관관계" 정도로만 정확히 이해를 하라. 그것은 어린 애라도 자기 집에 무엇인가 보탬이 된다는 것을 알게 되면 그가 비록 어릴지라도 집안일을 돕게 되게 된다.

불교에서는 불자를 보살이라 이름하는데, 법화경 내용이 보살에게 정을 나누는 보살행을 철저히 실천하라는 가르침이다. 누구나 정을 나누는 보살행을 실천함으로써 세상살이의 인연법이 소중함을 알게되며 이 인연법을 이해하게 되면 모든 일에 대하여 지향심이 일어나게 됨은 자명한 사실이다.

불교에서는 우리가 살고 죽고 미혹하고 깨닫고 하는 현실세계를 3계(三界)라 한다. 이 삼계란 욕계. 색계. 무색계를 말하며 이것이 불교의 인생관이기도 하다. 불교의 인연법을 이해하지 못하여 보살행이 없는 중생심 삶이란 삼계의 속박에 얽매여 지옥. 아귀. 축생. 인간. 수라. 천상의 6도를 전전긍긍하는 윤회를 집으로 삼게되는 것이다.

삼계의 첫째 욕계(欲界)란 식욕.성욕.수면욕 등 온갖 욕망을 표출하는 세계이며 이 욕망은 점차로 확대되어 만족이 없고 결국에는 사람을 빠져 죽게 함으로 욕망의 바다라고 하였다.

삼계의 둘째 색계(色界) 색은 색욕을 가리키는 것이 아니라 "눈에 보이는 것" 모두를 색계라 한다. 색계는 색을 색으로 보는데 그치고 욕계처럼 맹목적의 욕망을 이르지 않고 물건을 보면 눈에 띠는 순간만 욕심이 일어나게 된다.

삼계의 셋째는 무색계(無色界)인데 이것은 색을 초월한 높은 정신적인 차원의 세계를 말한다. 예를 들면 명상을 할 때 한순간 잡생각이 없이 횡하고 정신이 맑고 깨끗한 순수한 순간과 같을 것이다.

"나는 옛날부터 이 미혹한 세계를 이미 떠나 세상의 번거로운 일에 영향 받지 않는 경지에 들어 있다." 비유품에서 "억만장자가 살고 있는 집이 폐옥과 같아 낡아 있었다."라는 말씀은 우리의 자신에 대하여 관리 태만하여 소홀히 하였을 때 제아무리 훌륭한 지식을 가진들 무엇이라 참으로 시사하는 바가 큰 내용이다.

"집이 낡은 것은
수리를 태연히 함에 있고
얼굴빛이 초라함은
게으름에서 오며

수행자의 더러움은
방일에 있다. (법구경)

　부처님이 썩고 낡은 집에 불이 일어난 듯 즉 우리들 마음
이 황폐해져 타락이 되어 괴로워하듯 괴로움이 가득찬 이
세상에 출현한 뜻은, 모든 중생이 빠져 있는 생.노.병.사의
괴로움과, 근심과 슬픔과 번민과 어리석음과 무지와 탐욕
과 성냄과 충동적인 행동 등의 괴로운 세계에서 그들을 건
져내고 부처님의 가르침으로 인도해 아뇩다라삼먁삼보리
바로 부처님의 지혜를 얻도록 하기 위함이다.

　이 글을 보는 벗들이여! 한번 크게 들어보라...
　"나는 옛날부터 이 미혹한 세계를 이미 떠나 세상의 번거
로운 일에 영향 받지 않는 경지에 들어 있다." "한량없는
진귀한 보배를 구하지도 아니했는데 자연히 얻었도다."라
는 것은 깨친 사람의 청정한 마음의 경지를 읊은 것이다.

　부처님처럼 참으로 우주의 진리를 깨치고 우주의 전 생
명과 일체가 될수 있다면 온전히 이 세상은 자기 것이라 할
수 있다. 즉 깨달음이란 이 우주와 자기는 불가분리의 관계
에 놓여 있는 동일체임을 아는 것이다. "작은 나를 버리고
전체에 의해 살려지고 있는 참 나를 발견한 것이다. 나는
부처였구나 나는 세상에 주인이다. 이렇게 되면 나는 어느

덧 우주 전체에 가득하다. 참다운 무아(無我)야 말로 우주
는 내것으로 통하는 오직 하나의 길이 된다.” 이 “마음속에
한 물건도 없다”고 하는 것은 바로 무아를 말한 것이다.

　비유품에 장자의 아들들이 불장난의 놀이에 정신이 팔려
있는 모습은 참으로 우리들이 자기의 위기적 상황을 잊어
버리고 자기 주변의 오락, 재산, 지위, 명예, 생명의 오욕
락에 사로잡혀 속절없이 죽어가고 있는 모습과 흡사하게
통할 것이다. 이 엄연한 사실을 머릿속으로는 알면서도 대
부분의 사람들은 온 몸으로 느끼지 못한다. 이렇게 온 몸으
로 느끼지 못하는 사람을 가리켜서 깨닫지 못한 미혹 중생
이라고 하고, 이 사실을 온 몸으로 느끼는 사람을 깨친 사
람을 각유정(覺有情) 또는 부처님의 지혜를 성취한 보살이
라 한다.

　그래서 금강경에서도 “숨 쉬고 있는 육체가 자기를 자아
(自我)라고 생각하는 아상(我相)과, 실체로서 살아있는 것
이 실존한다는 생각인 인상(人相)과, 개체라고 생각하는 중
생상(衆生相)과, 개인이라고 생각하는 수자상(壽者相)등
을 없애고, 일체의 모든 것을 말로는 표현할 수 없는 절대
적인 무위법(無爲法)에서 나왔으니 나와 남이 따로 없는 동
체(同體)라는 것을 알면 바로 보살이요, 이들을 불자(佛子)
라” 이름하여 바로 이 순간 부처님의 지혜인 반야를 회복

하라 는 뜻이다. 부처님의 지혜를 회복하는 가장 빠른 방법
은 "무조건 현실긍정이다." 오직 지금 뿐! 이것이 법화경의
가르침이다.

  부처님의 가르침은 일미(一味)의 가르침 즉 법(法)이라
한다. 마치 바닷물의 짠 맛이 동일하듯 부처님의 가르침은
항상 평등하게 설해진다. 그러나 가르침을 듣는 중생 쪽에
서 각각 자기에게 상응하는 업습(業習)의 힘으로 다르게 받
아들이기 때문에 이해의 정도가 모두 같다고 할 수 없다.
그래서 약초유품에서 삶에 이익을 주는 보배로운 비가 허
공에서 가득히 내리지만 중생은 자기의 그릇에 따라 그 이
익을 받는다 라고 하였다.

  약초는 우리 인간에 비유되고, 인간이라면 누구라도 마
음속 깊이 부처님의 불성을 가졌다고 하는 대승불교의 인
간관이 약초라는 이름으로 표현하였다. 그러나 그 약초위
에 기회 균등하게 비가 내릴지라도 모든 초목이 동등한 높
이로 성장하지 않는다. 그것은 우리들의 업(業:의도.생각)
이 각기 다르고 생활 습성도 환경도 다르게 수없는 세월을
이어왔기 때문에 지금에 있어 부처님의 은혜를 받아들임도
모두 다를 수밖에 없으니, 각자가 주어진 환경에서 지금 이
순간에 최선을 다하는 정을 나누는 보살행으로 부처가 되
도록 노력해야 한다.

부처님이 마하가섭에게 읊으시되
"도공이 도자기를 만들 때에
똑 같은 흙을 사용함에도 불구하고
설탕이나 우유나 요구르트나
물 등의 용기가 되는 것 같이
어떤 것은 오물의 용기가 되고
어떤 것은 치즈 그릇이 되지만
도공은 똑 같은 점토를 가지고
갖가지의 그릇을 만든다.
어떤 물건의 용기가 되는 가는
담는 물건에 따라
용기의 이름이 정해진다.
그와 같이 이 세상의 인간에게는
차별 없지만
여래들은 그들의 의욕에 따라
인간을 구별하는 것이다."
모든 가르침은 평등하다는 것을 깨침으로써 가섭이여,
깨달음의 경지가 비로소 열리게 된다.   (첨품 법화경)

부처님은 말씀하시되
"사람의 가치는 출생에 있는 것이 아니다. 무엇에 의해
태어났는가에 있는 것이 아니라 무엇을 했는가에 따른다."
입버릇처럼 되풀이 하신다. 부처님은 제자들에게 정진할

것을 권하고 방일을 미워했으니 부처님 자신도 일생동안 이것을 으뜸으로 삼았다. 부처님이 말씀하시는 방일은 게으르고, 태만함이 아니라 "시간을 허무하게 보내는 것"을 악덕 행위라 하였다. 불교 사상에서 정진을 권장하고 방일을 금하는 무상관(無常觀)에서 비롯된다. 부처님의 최후 설법도 또한 "그대들, 방일하지 말라 참으로 정진하라 세상은 덧없다." 유교경의 말씀이다.

어떻게 하면 마음을 편안히 얻을까.
"자성은 아지랑이와 꿈과 같고
실체가 없음은 파초의 줄기와 같다.
또한 메아리와 같은 것이라고
제법을 아는 사람 있으면
남김없이 삼계의 그 자성마저도 알 수 있기
때문에 결박하지 않음과 해탈 아니함의
멸도를 안다고 생각하라.
제법은 평등한 공이라서
다른 모습도 다른 실체도 없는 것이거늘
지혜의 원인마저 찾아내지 않고
또한 한가지 법마저도 보지 않는다.
그는 넓고 큰 지혜자이며
온 법신을 본 사람이다.
삼승은 본래부터 없는 것이며

> 오직 일승만 여기 있다.
> 일체의 제법은 모두 같은 것
> 평등하여서 항상 차별없이 같으니
> 이렇게 알면 즉지
> 평등한 멸도인 열반을 얻을 수 있다.
>
> (첨품 법화경)

부처님께서 중생이 미래에 성불의 예언 약속 또는 증명을 하는데 이것을 법화경에서는 수기라 하였다. 수기란 "그대는 틀림없이 부처가 된다"라는 기별을 미리 주시는 것을 말하는데 불교 수업의 졸업이 아니라 입학 허가서다. 기진 맥진한 사람들에게 "부처가 된다는 최고의 대학에 당신은 합격했다. 여기서 조금만 더 철저히 공부하면 기필코 졸업하여 부처가 된다." 이 얼마나 희망이 넘치는 말씀인가. 그러므로 불자인 보살은 더욱 열심히 수행하고 나눔의 보살행에 노력하지 않으면 안된다는 것이다.

부처님의 자비 원력이신 이러한 참뜻 이해함으로써 마음의 감격으로 변하여 비로소 "믿음"이 생긴다. 믿음이 생기면 저절로 세상을 위해 사람을 위해 넓혀가지 않으면 안되게 된다. 이와 같이 이해 한 것을 믿음으로 되어 그것이 "사람을 위하고 세상을 위해서 헌신하는 행동"으로 전개되어 가야만 비로소 신앙이라 말 할 수 있고 종교라 할 수 있다. 그러므로 참다운 신앙에 힘이 있는 것이다. 힘이 없으면 안된다. 그렇다면 그 힘의 원천인 감격은 어디에서 솟아나오는 것일까. 감격은 이론이나 이치에서 나오는 것이 아니고 혼과 혼의 맞부딪침에서 솟아나는 것이다.

위대한 인격에 맞부딪쳐서 그 거룩한 말씀을 혼으로 들을 수 있을 때에 비로소 우리들의 가슴은 불타오르는 것이다. 마음속으로 의도하는 생각은 업(業)이라 말하고 업이라고 하는 의도로 생각하는 말이 정신이 되고 사상으로 되고 믿음으로 되어서 자기를 만들고 자기를 움직이게 한다. 이와 마찬가지로 소리로 내는 말은 사람을 만들고 사람을 움직이게 하며 사람을 살리기도 하고 혹은 죽이기도 한다. 이러한 사실 때문에 항상 불자들은 생각을 바르게 하여 나눔의 보살도가 그대로 부처의 삶이라는 깊이 깨달아야 한다.

볼관(觀). 세상세(世). 소리음(音).보살(菩薩빛으로 머무는자)을 다시하면 부처님의 지혜로 깊이 음미해 봄이 어떠할까...!

불자들이 모든 기도나 예불 끝에 "원이차공덕... 바라옵나니 이 공덕으로써 널리 일체에 미치어 우리들과 중생이 모두 함께 불도를 이루게 하소서"하고 소리내어 풍송(諷誦)하고 있다. 이 내용은 화성유품에 있다.

아득한 옛날에 16왕자를 둔 임금이 출가를 하는데 성불하

여 대통지승불을 이룰 때, 시방 5백만억 세계가 여섯 가지
로 진동하고 대광명이 널리 세계를 비추었다. 그 빛이 천
신들의 궁전, 드디어 브라흐만 즉 범천에 이르자 이 기이한
상서로움에 신들이 기절초풍을 하자 시방의 브라흐만의 왕
들은 앞을 다투어 부처님 계신 곳으로 날아왔다. 그 때 브
라흐만 왕을 우두머리로 하여 똑 같은 궁전을 바치며, 설법
을 간청했던 것이다. 즉 시방의 브라흐만 등에 의한 설법의
권청의 소리다.

이 시방의 브라흐만 범천의 권청과 16왕자의 간청을 받고
대통지승불께서는 3전 12행상(三轉十二行相)에 의해 네 개
의 진리 즉 4성제를 설하고 또 널리 12인연의 법을 설하셨
다. 소승경전이나 대승경전 모두가 4성제와 12인연법를 근
본 바탕으로 이루어진 불교의 핵심의 진리이다.

옛날 대통지승불의 왕자인 16보살 사미가운데의 한사람이
현재의 석가모니불이라는 사실, 이것은 대통지승불과 부자
관계임을 나타냄으로써 현재의 석가모니불이 부처님으로서
는 정통성을 가진 부처님이며, 또 대통지승불이 설한 법화
경의 가르침의 정통적인 후계자임을 표시하는 것이다.

대승지승불이 한때는 10소겁 동안 앉아서 좌선 명상을 계
속했어도 최고의 깨달음을 얻지 못했다는 내용이 나온다.

이에 관해서 이런 이야기 생각이 나서 적어 본다. "어떤 파란 눈을 가진 젊은이가 자칭 앉아서 졸고 있는 스님을 찾아가서 '부처님께 인사드립니다'라고 절을 했더니 그 스님 정색을 하고 하시는 말씀이 '무슨 말씀을 그렇게 하오. 내가 웬 부처란 말이오' 라고 했다.

그러자 그 젊은이가 '자성을 알면 부처가 된다하여 참선을 하신 것이 아닙니까' 스님이 '네 그렇지요'하고 대답을 했다. 원래가 부처이기 때문에 자성을 알면 부처가 되지 원래가 부처가 아니라면 자성을 안다고 부처가 될수 없는 일 아닙니까. 그래서 제가 스님을 부처님이라 한 것입니다. 이렇게 말한 후 인사를 드리고 산을 내려갔다. 그 뒤에 스님은 젊은이가 남긴 말에 크게 깨쳤다고 한다. 그렇다 바로 그것이다. 깨치고 나면 우주가 바로 나 일진데 내가 나를 모른다면 어찌 부처라 하겠는가. 즉 내가 부처님의 지혜로써 부처인 줄 아는 것을 불지견이라 한다.

법화경에는 7개의 비유담이 나온다 법화 7유 가운데의 5섯 번째인 "의리계주(衣裏繫珠)의 비유다" 이것을 줄여서 '계주의 유'라 하는데 옷 속에 보배구슬은 내안에 참 생명인 불성을 비유해서 말한 것이다. "부잣집 친구를 찾아간 가난한 친구의 가슴에 평생 먹고 쓰고 남을 만한 보배 구슬을 살짝 넣어준다. 몇 년 후 가난한 친구는 다시 만나게 되없는데 그 때까지 가난뱅이로 살고 있었다. 그 친구의 가련한 모습을 보고 '이 무능한 친구야 네 가슴 안에 보배 구슬이 있지 않느냐 참으로 어리석구먼.' 부처님의 가르침이란 "잊어버리고 있는 사실을 기억해 내도록 하여 인식시키는 것"이라고 말씀하신다.

이 의리 계주의 비유에서 말하는 의복은 가난한 사람이 걸치고 있는 것이므로 더러울 것은 뻔한 일이지만 불성이라고 하는 보배는 꿰메어져 있는 즉 우리들 심신은 제아무리 더러워져도 결코 더럽혀지지는 않으며 또한 도둑맞는 물건도 아니다. 보배 구슬을 가만히 음미해 보면 진리는 가르치려고 해도 가르쳐지는 것이 아니며, 본인에게 본래 갖추어져 있는데도 잊어버리고 있는 그 진리를 어떻게 하면 생각해 내도록 할 수 있는가. 바로 이 점이 스승에 가르침에 대한 비밀이 숨겨져 있다는 사실이다.

부처님께서 아들인 라훌라에게도 설법하신다. "라훌라야 너는 미래세에 성불할 것이며, 무수히 많은 부처님을 섬기고 그 여러 부처님의 맏아들이 될 것이다." 그래서 인지 라훌라는 철저한 수행자로서 밀행 제일의 라훌라존자가 되었다. 나눔의 보살도의 행을 하되 남에게 자신을 내세우지 않은 것으로 유명하다. 라훌라는 혈연 상으로도 맏아들이며, 수행자로서도 그저 할뿐, 밀행 제일의 맏아들인 셈인 것이다.

오늘날 인류 사회에서 수행자들의 자녀들이 얼마나 많은가 그러나 그들은 부모의 뜻을 알아서 보이지 않는 그늘 진 곳에서 소리 소문없이 헌신하고 있음을 알아야 한다. 그들이 바로 밀행 제일의 라훌라존자의 후예들이다. 본래 라훌라란 장애라는 의미다. 싯다르타 태자가 진리를 구하기 위해 출가하려고 은밀히 생각하고 있을 무렵, 왕자가 탄생하였다. 이때 혼자 무심코 "라훌라 즉 장애로다" 중얼거린 소리가 왕자의 이름이 되었다고 한다.

아무튼 라훌라는 훌륭한 비구임은 틀림이 없으며 법사(法師)중에 법사라 한다. 누구나 훌륭한 법사의 자격을 갖추려면 아무튼 모든 부처님께 공양부터 잘 올려야 한다. 곳곳이 불상이니 하는 일마다 불공이 되어야 하는 것인데 온 생명이 부처의 모양이 아닌 게 없다. 그래서 그들을 대할 때, 성 안내는 공양이 참 다운 공양이라 하였다. 공양은 바로 모두에게 은혜을 갚는 방법이기도 하다.

불자인 보살들은 이 법화경을 비록 한 시송이라도 믿어, 간직하고, 읽고, 외우며, 해설하고, 옮겨써서, 부처님처럼 지극히 공경하며, 이 경전에 꽃. 향. 목걸이. 가루향. 바르는향. 사르는향. 비단해가리개. 깃발. 의복. 기악. 먹을 것 등을 공양하고 합장하여 공경하는 사람에 대해 설한다. 부처님이 설하신 경전에 대해 이와같이 수행하고 공양하는 사람이 법사라고 한다. 부처님의 말씀을 지니고. 독송하고. 해설하고. 베껴쓰는 수행가운데 독송을 둘로 나누워 수지. 독. 송. 해설. 서사의 다섯가지 수행으로 하고 이 다섯 가지의 수행을 하는 사람을 5종 법사라 부르고 있다.

그 첫째는 받아들여 믿고 이해하고. 둘째는 입으로 소리 내어 읽고. 셋째는 암송하고 외우고. 네 번째는 경을 사람들에게 해설하여 전하고. 다섯 번째는 경전을 옮겨써서 후세에 전하여 유포하여 남기는 것이다.

석가모니 부처님은 과거 전생에 10만억의 모든 부처님께 이와 같이 공양 올리며, 수많은 부처님 아래서 큰 서원으로 성취 하였다. 오늘날 이상과 같은 경전 수행과 공양을 올리는 사람을 모두가 법사라고 부르는데 그 사람들은 과연 어떤 사람들인가. 부처님이 설하시기를, 실은 이 사람들도 나와 같은 방법으로 과거 10만억 부처님께 공양을 하여 서원을 성취한 사람들이다.

또한 지금도 중생을 불쌍히 여겨 이 세계에 중생을 제도하기 위해 스스로 원해서 태어난 사람 즉 원생(願生)들이라고 한다. 또 그러기 때문에 부처님께서도 멸도하신 후의 미래세에도 이 사람들은 자원해서 오탁악세(五濁惡世)에 태어나, 부처님이 설하신 경전을 넓히려고 애써서 설하는 사람들이며, 지금 이 순간 글을 남기고 있는 송월스님이나 이 글을 보는 여러분 모두가 위대한 법사라는 사실이다. 부처님은 법사에게 간절하게 부탁을 한다.

여래가 입멸한 후의 세상에서 어떻게 이 법화경을 설해야 할 것인가에 대한 설법자의 마음가짐으로서 의(衣옷차림). 좌(坐자세). 실(室장소)의 삼궤(三軌) 즉 꼭 실천해야 할 3가지 바른 길을 강조한 내용이다. 여래의 방에서 여래의 옷을 입고 여래의 자리에 앉아 4부 대중을 위해 널리 경을 설해야 한다. 여래의 방이란 대자비심을 가지고, 여래의 옷이란 부드러운 웃음을 가지고, 여래의 자리란 무상의 법칙 일체의 현상(法)이 실체가 없는 공성(空)임을 말하여 일체법공(一切法空)인 연기(緣起)의 법칙을 깨치게 하라 하였다. "나도 그렇게 설하였노라."

모든 존재에는 실체라는 것이 없다고 꿰뚫어 보았을 때, 보살 수행자의 눈에는 이 세계가 너와 나, 사랑과 미움이라고 하는 차별, 상대가 없는 절대 평등의 세계로 비치어 그어떤 것에도 사로잡히지 않는 자재 무애한 경지가 나타난다. 즉 바람이 그물에 걸리지 않는 삶이 되는 것으로, 미래세에 미륵부처님이라 이름조차 생소한 자비가 넘치는 세상을 이루어가는 길이며, 부처님이 설법하는 법회장소에 칠보로 된 보탑이 땅에서 솟아나서 영축산의 하늘가운데 높이 머묾과 같으리라.

부처님은 실제로는 생멸이 없으나 방편으로 생멸한다는 것을 나타내기 때문은 우주 법계에 불신(佛身)으로 충만하시다. 중생의 서원에 따라서 원하는 바가 모두 성취되어 가는 장면인, 견보탑품에서 탑 중의 부처님을 뵙는 것을 진실을 나타내는 현실에서 희유한 사건들이다. 법신불인 다보여래와 지혜인 보신불인 석가여래가 바로 허공회(虛空會)라하는 보탑 안에 여래의 신체가 흩어지지 않고 한 덩어리로 안치되어 있어 부처님 출현과 함께 최상승 법문인 우주의 대 생명을 살려주는 작용이 이루어지고 있는 것이다.

"훌륭하고 훌륭하시도다. 석가모니 세존이시여, 훌륭히 부처님의 지혜 즉 평등이라는 큰 지혜로서 보살을 가르치는 법이며 부처님께서 지켜 주시는 묘법연화경을 가지고 대중을 위해서 설하시니, 이와 같은 부처님께서 설하시는 것은 모두 진실합니다."이라는 찬찬이 들려왔다. 그때 대요설보살이 "세존이시여, 원컨대 저희들은 이 부처님의 몸을 뵙고자 합니다." 내 말을 설하고 있는 이곳에 시방세계 나의 분신의 부처님들은 다 모이도록 하라. "내 몸을 나타내 보일 것이다." 이 얼마나 다행이며 고마우랴...

불교의 법사들이 모이는 곳이면 그 어느 곳이든 부처님

이 나타나신다고 서원하셨다. 우리 중생들이 힘이 들고 지쳐있을 때 그들 앞에 부처님이 계신다. 우리가 삶에 지쳐서 힘들고 어려울 때 공양 올리며 기도하자, 축원하고 발원해 보자, 우리는 모두가 법사가 아니던가. 옛 말에 공부가 높아지면 장애가 크다는 말이 있다. 그래서 부처님께 보왕삼매론에 이르시길 세상살이에 곤란 없기 바라지 말라 하였다.

부처님에게는 4촌 동생인 아난다의 친 형인 제발달다가 있었다. 제바달다는 부처님에게 출가하여 성불의 은혜를 입는다. 성도를 이룬 후에 5백 인의 비구를 꼬여서 교단을 분열시키고, 큰 돌을 던져 부처님을 죽이려고 몸에 피를 내게 하였으며, 또 다시 주변 사람까지 살해하면서 까지 많은 악행을 저질렀다. 그러나 부처님은 제바달다를 미워하지 말라고 당부 한다. 제발달다가 아니었으면 오늘에 부처님이 될 수 없었다고 한다.

그것은 과거 전생에 묘법연화경을 가지고 있는 아사 선인을 찾아가서 필요한 것을 모두 공양으로 올리면서 이 몸을 바쳐 1천년을 지나도록 피곤한 줄 몰랐다. 마음속으로 묘법을 구하는 마음을 계속 품어 왔기 때문이었다. 그리하여 드디어 법화경을 얻어 성불할 수 있었던 것이다. 그 선지식인 아사 선인은 바로 제바달다로써 성불의 은혜를 주신 분이라 오히려 감사했다는 말씀이다.

세상살이에 주변에 인간을 비롯한 모든 사물이나 조건들이 나를 도우려고 있는 것도 아니요, 그렇다고 나를 해치려고 존재하는 것도 아니다. 그저 자연으로 존재하고 있을 뿐이다. 한 생각이 어리석어서 자기의 틀에 맞추려고 집착하게 되면 그 자체가 생지옥 건립 되는 것이고, 한 생각이 지혜로우면 모두가 고맙고 감사 해야할 은혜일 것이다.

우리는 현실에 부딪치면 매사가 쉽지는 않다. 법화경을 이해하면서 바르게 부처님의 지혜처럼 살고자 노력을 해본다. 그리고 부처님의 가르침을 세상에 넓히는 사람에게 박해가 많으리라 생각한다. 법사품에 "이 가르침은 여래가 살아 있는 현재에 있어도 무지한 사람들의 원한이나 질투를 초래해 배척을 받고 있는데 하물며 내가 멸도한 후에는 더 말해 무엇하겠는가"라고 설해져 있음을 보아도 알 수 있듯 법화경이나 부처님의 모든 말씀은 오욕락에 찌들어 살아가고 있는 세상 사람들에게는 증상만(增上慢)이 가득하여 받아들이기 어려운 가르침이다.

견보탑품에서도 "누가 이 사바 세계에서 널리 법화경을 설하겠는가, 지금이 바로 이 가르침을 설할 때다. 여래는 오래지 않아 열반에 들 것이니, 이 법화경을 누군가에 단단히 맡겨 언제까지라도 남기고자 한다."라고 하신다. 또 "내가 세상을 떠난 뒤에 누가 이 법화경 믿고 간직하며 읽고 외울건가. 지금 부처님 앞에 나와 스스로 서원을 말하라."
말하시고 다시 거듭 "내가 멸도한 후에 누가 이 법화경을
믿고 간직하며 읽고 외울 건가. 지금 부처님 앞에서 스스로
맹세의 말을 하라."라며 여래가 멸도한 후에 법화경을 크
게 번창시킬 사람을 세 번을 걸쳐서 모집 한다. 이것을 그
유명한 3번의 고칙(告勅)이라 한다.

"저희들은 부처님을 공경하니 이런 악 다 참으며
그들이 빈정대며 '너희들 모두 부처다' 하는
이와 같은 깔보는 말도 모두 참고 받으오리라.
부처님 믿는 우리 인욕의 갑옷 입고
법화경 설하기 위해 이 어려움 다 참으며
목숨도 아끼지 않고 다만 무상도를 구해
앞으로 오는 세상
부처님 분부대로 지키고 간직하오리다.
어떤 마을 어떤 도시라도
가르침 구하는 사람 있으면
우리 모두 찾아가서 부촉하신 법 설하리라."

(권지품)

권지품에서 약왕보살과 마하 대락설보살 두보살을 우두
머리로 하는 2만의 보살들에서 부터 80만억 나유타의 보살
들에 이르기까지 부처님께서 멸도하신 후에 법화경을 간직

하고 넓힐 것을 맹세 했다. 그리고 안락품에서는 다음의 험악한 세상이 된 이 사바세계에서 어떻게 법화경을 설해 넓힐 것인가 즉 경전의 넓힘에 즈음하여 가져야 할 몸가짐과 마음가짐을 밝히고 있다. 그 몸과 마음가짐으로써 설한 것이 4안락 행이다. 그것은 바로 몸과. 입과. 뜻과. 서원으로 분류가 된다. 그리고 말법시대에 법화경을 넓히는 사람이 가까이 해서는 안되는 것과, 반대로 가까이 할 것, 두 가지가 설해져 있다.

첫 번째는 보살 수행자가 가까이 해서는 안되는 것
"국왕. 왕자. 대신들. 관리인. 권력자. 이교도. 문학자. 음악가. 싸움꾼. 오락제공자. 오락인. 짐승사육자. 어업자. 사냥꾼"등 이와 같이 세속인과 가까이 해서는 안된다. 그러나 상대방이 찾아 왔을 경우에는 마음에 아무것도 바라지 말고 즉 어떤 댓가를 바라지 말고 법을 설해 줘라."라고 설한다. 다시 또 성문 2승의 출가자 및 그 남녀 신도를 가까이 해서는 안되며 또 성 능력이 결여된 남성과도 가까이 해서는 안된다고 한다.

두 번째는 보살 수행자가 친하고 가까이 해야하는 것
이것에 두가지가 있다. 그 첫째는 "항상 좌선을 부지런히 하고 한적한 장소에서 그 마음을 다스려라"하는 것과, 둘째는 "이 세상의 모든 것에 대해 공의 입장에 서 있는 그대로 관찰하라"라고 하는 것이다.

부처님은 이 4안락행을 설한 후, 다음 '상투 속의 밝은 구슬의 비유' 즉 계주유(髻珠喩)에 의해 법화경이 모든 부처님 여래의 비밀장으로 최고의 얻기 어려운 경전이라고 말한다. 그 이유는 다음과 같다.

"전륜성왕은 어떠한 경우에도 자기의 상투 속에 있는 훌륭한 보배만은 주지 않는다.""문수보살이여, 전륜성왕이 자기의 상투 속에 감추어 두고 누구에게도 주지 않았던 밝은 구슬을 큰 공을 세운 신하에게 주려고 하는 것처럼, 여래도 또한 마음속의 악마인 탐냄. 성냄. 어리석음의 세가지의 삼독을 멸한 위대한 수행자에게도 일찍이 설하지 않았던 법화경을 지금 여기서 설하려 한다.

문수보살이여, 왜냐하면 이 법화경은 일체 중생을 훌륭하게 여래의 지혜에 도달케 하지만 그 가르침을 알지 못하는 많은 사람에게는 도리어 원수가 될 때도 있다. 그 만큼 사람들이 믿기 어렵기 때문에 지금까지 설하지 않았던 것이다. 그러나 여래는 지금 이 경을 여기서 설한다. 만추리여, 법화경은 여래의 가장 높은 설법이며 수많은 설법가운데서 가장 깊은 비밀의 가르침이므로 가장 최후에 그대들을 위해 자세히 설하려 한다."

상투 속에 밝은 구슬을 전륜성왕이 신하에게 준다면 신하와 임금은 동급이 된다는 비유가 수평적인 인간, 즉 범부라도 부처가 된다는 "실유불성(悉有佛性)" 모두가 불성을 가지고 있다는 사상임을 알수있다.

종지용출품에 6만 갠지스강의 모래만큼 이나 되는 수없이 많은 구도자인 보살들이 땅속에서 돌연히 출현하여 이 사바세계에서 법화경을 지키고 간직하며 넓히는 사람으로서 등장한다. 이 땅속에서 솟아난 구도자들을 지금까지 듣지도 보지도 못한 이 법회에 동참한 사람들은 당연히 놀라고 의심하는 마음을 품는다.

이상의 줄거리에서 법화경은 우리에게 무엇을 가르치고 있는가. 지구 밑에서 솟아나온 구도자들 즉 무명을 깨고 일어난 사람들은 부처님의 제자이기 때문에 부처님의 가르침을 넓히는 것이 당연한 일이며, 이 사바세계에 살고 있기 때문에 이 세계의 중생과 연이 깊어서 가르침을 넓히는 것이 쉽다는 것이다.

법화경을 설할 사람들인 우리 불자 보살도를 실천하는 행자들은 한결같이 훌륭하게 끝도없이 항시 밝고 깨끗하며 꿋꿋하게 굽히지 않음이 즉 세간 법에 물들지 않음이 마치 연꽃이 물에 있음과 같아야 한다는 것이다. 사람으로 태어났으면 사람값을 하고 살아가라는 말씀이다.

종지용출품에서 구도자 미륵보살를 대표로 하는 많은 사람들이 한결같이 품은 놀라움과 의문에 대해 부처님께서 대답하는 것이 여래수량품이다. "그대들은 여래의 마음속 깊이 간직했던 진실한 깨달음의 말을 똑똑히 듣고 이해해 굳게 믿도록 하라."하고 반복해 세 번을 하셨다.

이에 대중들도 역시 세 차례에 걸쳐 "세존이시여 원하고 원하오니 그 진실을 설해주소서. 저희들은 반드시 부처님의 말씀을 믿고 따르겠습니다.."하고 3번 간청하고 다시한 번 더 청한다. 그러자 부처님께서 이를 받아 "그대들은 극히 깊고 오묘한 여래의 본체와 자유자재한 능력을 자세히 들어라."하시며 이제 비로소 설법이 시작된다. 그 설법 내용은 사람들의 인식을 그 밑바닥에서 부터 흔들어 버리는 충격적인 사건이었다.

대관절 어떠한 내용을 말씀하셨기에 모두가 충격이었을까. 여래수량품게 즉 자아게를 한글자 한글자 깊이 새겨가며 보길바란다. (법화경)은 실천하지 않으면 영생을 얻기 어렵다. "스스로 신명을 아끼지 않을 때, 나와 제자들이 함께 나와"라고 설해져 있다. 부처님은 인생의 진실을 발견하는 힘을 상실하고 전도된 중생이 되어 있는 범부들을 어떻게 하면 구원할 수 있는가 자신의 신명을 아끼지 않고 밤낮으로 염려하고 있다. 마치 부모가 병들어 죽어가고 있는 자녀를 살려내기 위하여 온갖 정성을 다하듯...

그리고 법화경을 믿고, 부처님은 항상 내곁에 함께하고 있다고 믿으며, 주위사람들의 행복은 불법을 믿게 하는 데 있음을 확신하고 자신의 생명을 아끼지 않고 부처님의 가르침을 뼈저리게 실천하는 함께 나누는 보살행이 바로 영원한 생명을 얻는 길임을 깨달아야 한다. "훌륭한 의사의 비유, 또는 의사와 아들의 비유"가 설해져 있다. 병든 아이가 병이 나은 모습을 기뻐하는 아버지의 모습은 참으로 감동적이다.

여래수량품에서 부처님의 수명은 길고 길다 즉 영원하다는 것이 밝혀졌다. 부처님을 간절히 보기 원하는 사람에게는 언제라도 그 모습을 나타내신다고 하였다. 또한 부처님이 멸도하신 후의 미래세에 이 법문을 듣고 함께 기뻐하는 즉 감사하는 마음을 일으켜서, 간절히 믿어 간직하고 독송하고 설법하는 사람들의 공덕은 한량없다고 설하였다.

법화경은 부처님께서 철저히 불자들에게 신앙생활을 글(佛子信仰書)로 가르치는 믿음의 증명서가 된다. 법화경은 믿음에 의해서 비로소 들어갈 수 있는 세계임을 명심해야 한다. 믿음이 없으면 성문승 연각승의 소승자리에 머물러 부처의 이름도 먼 옛날부터 본래 부처였음도 없는 것이 되고 만다. 그래서 신앙의 서라고 할 수 있다.

그래서 분별공덕품에서 네가지 믿음과 다섯가지를 철저하게 실천에 옮기라고 강조하였다. 그 내용은 확대 해석하면 화엄경에서 보살수행 단계가 되는데, 10신.10주.10행.10회향.10지.등각.묘각인 52위가 된다. 불자라고 자처하는 보살들은 인터넷 검색창에서라도 꼭 찾아서 읽어 보기 바란다.

인생을 살아가는 데에는 어떠한 일이라도 좋다. 올바른 신앙을 갖고 끝없이 정열을 불태워 가는 것이다. 세속의 범부에게는 어려운 일일지라도 노력해 가는 가운데 조금씩 가깝게 부처님에게로 다가 갈 수가 있는 것이다. 부처님의 가르침은 마음으로부터 귀의함으로써 받는 복덕이 무량한 것이다.

그래서 수희공덕품에서는 "초수희(初隨喜)"의 공덕을 번복하며 자세히 설하고 있다. 왜 이와 같이 되풀이하여 설하는가 하면 가르침에 수희하는, 즉 마음속으로부터 "감사하다"라고 생각하는 그 감격이 신앙에서는 없어서는 아니될 커다란 근본 요소이기 때문이다.

"아! 감사하다"라는 감격의 마음이 울컥 일어나지 제아무리 천만권의 경전을 읽고, 배우고, 기도해본들 무엇하랴. 그래서 경전마다 제자들이 부처님법문을 경청하는 가운데 콧물 눈물이 양 볼을 흠벅젖는 대목이 나온다. 오늘날 과연 부처님의 말씀이나 기도하는 과정에서 감격하여 눈물한번 흘러보았는가 한번 생각해보자. 수희의 마음이 있어야만 진정한 신앙이라 할 수 있는 것이다.

불자로서 신앙하는 보살들은 정신뿐만 아니라 세상 사람들로 부터 존경과 신뢰를 모을 수 있을 만큼의 육체적인 조건도 갖춰지지 않으면 안된다. 그래서 먼저 신체적으로 정신적으로 먼저 건강해야 한다. 아울러 이렇게 "자진해서 대상 즉 남들 속에 들어가는 사람" "자진해서 귀의하고 감사하는 사람"들은 불교에서 지향하는 이상적인 보살이기 때문에 그 공덕은 찬양되리라.

불자들이 법화경을 믿어 간직하고, 읽고, 외우고, 해설하고, 베껴 쓰는 수행하는 다섯가지 법사의 공덕은 무량하다. 그래서 범부 중생들의 욕심과 분노와 어리석음을 다스리는 법사공덕(法師功德)자들 이라 하였다. 이 사람들은 여래의 대행자며 사자(代行者.使者)로서, 여래의 어깨 위에 실려진 사람들이여서 여래를 대하는 것처럼 똑같이 대하여야 한다고 설하고 있다. 부처님 경전의 말씀인 "당신은 반듯이 부처가 될 수 있다"고 이웃에 합장한다면, 어느 누가 말씀 중에 "한귀절만"이라도 마음속에 간직한다면 공덕은 무한한 것이다.

인생은 불가사의한 인연에 의하여 생각지도 않은 공덕을 알게 된다. "너는 반듯이 부처가 될 것이다"라고 합장 한다면 어떻게 될 것인가를 생각하며, 인생을 살아가는 동안 부처님의 말씀이 심신으로 스며들어 온다. 신앙심은 점점 무르익어 가게 되는 것이다. 그래서 그것을 주위 사람들에게 전달되며 불교의 힘이 무한한 것임을 체험하게 된다. 달력의 "당신도 부처가 될 수 있다"라는 한 구절로 불교에 접근하여 인생이 바뀌어 재벌이 된 사람도 있지 않은가.

부처님의 전생 이야기에 상불경법사라는 보살 비구가 있었다. 당시는 잘난 체하는 비구들이 큰 세력을 가지고 있는 때였다. 그 보살 비구는 비구니. 청신사. 청신녀 등 누구를 막론하고 만나는 사람마다 이렇게 예배하였다. "나는 당신을 깊이 존경합니다. 경멸하지 않습니다. 왜냐하면 당신은 모두 보살도를 실천하여 반듯이 부처가 될 수 있기 때문입니다."

4부 대중은 이에 대 해성을 내기도 하며 마침내는 몽둥이로 때리고 기왓장을 던져 해를 입히는 것이었다. 그러나 어떤 가혹한 행위에도 상불경 비구는 얼굴하나 변하지 않고 "나는 당신을 존경합니다."라고 말하며 상대에게 계속 예배하는 것이었다. 이렇게 하니 사람들은 그 말뜻을 깨닫고 모두가 그를 "상불경"이라는 이름을 붙여 부른 것이다. 이 이야기는 모든 중생에게 불성, 다시 말해 부처님의 불(佛) 종자가 있어 간직되기 때문이다.

모든 사람들은 본래적으로 부처님을 그 속에 간직하고 있으므로 누구나 부처님이 될 수 있다. 상불경 비구는 사람들 속에 있는 그 부처님께 혀를 길게 내어 예배를 한 것이다. "나는 당신을 경멸하지 않는다" 그 얼마나 감격스러운 이야기인가. "나무 석가모니불 . 나무 석가모니불"

부처님은 과거 전생부터 오늘에 이르기까지 일상적인 삶이 모두 수행이며 보살도 실천이었다. 부처님의 전생에 이러한 수많은 수행 공덕은 전신 모공에서 아름다운 빛이 방출하게 하였으며, 무명의 어둠에서 고뇌하는 사람들에게 법화경을 가지도록 하기위하여 불가사의한 대 신통력을 나타내었다.

일시에 큰 기침을 하며 함께 손가락을 튕기는데, "이 두 가지 소리"는 널리 모든 세계에 퍼지고 대지는 모두 육종으로 진동했다. 부처님이나 보살들이 혀를 낸다고 하는 것은 자기가 설한 가르침이 절대 진실임을 증명하는 일이며, 무량 광명에 의해 비추어 진다고 함은 진리에 의하여 본래의 진실한 모습이 있는 그대로 여실히 나타나 보이게 됨을 뜻한다. 이 소리를 들은 모든 것은 환희한 나머지 크게 진동한다. 즉, 기쁨을 표시하기 위하여 모든 것이 진동했다는 뜻이다. "너희들은 마땅히 마음 속 깊이 따라 기뻐하고 또한 석가모니불을 예배하고 공양할지니라." 그때 가지가지의 꽃. 향. 영락. 번개 및 모든 장신구. 진귀한 보배. 묘한 물건들을 다함께 공중에서 널리 사바세계에 흩어 놓았다. 이러한 상서로운 현상들은 모두가 중생들을 위함이다.

불가사의한 인생살이는 어떻게 전개될 것인가, 누구도 예측할 수 없다. 인생에 있어서 불평, 불만은 더더욱 있을 수 없다. 스스로 피해자라로 생각했을 뿐이다. 정말로 현실이 참기 어렵다면 모든 것을 잊어버리고 곧바로 자신의 길로 뛰어 들어가라. 필사적으로 노력한다면 길은 열린다. 필사적으로 노력하는 그 자체가 부처의 신통력이다.

어느 곳에서 무슨 일을 하든 각오가 중요하고, 모두 지금 있는 곳이 도량이라고 명심하는 일이야 말로 무엇보다도 중요한 일이다. 그렇게 생각하면 지금 여기에서 노력하고 있음에 감사하는 마음이 저절로 생기고 인생에 대한 용기와 삶의 보람이 용솟음쳐 옴을 느낄 수 있으며, 생의 빛 희망의 빛이 스며들어올 것이다.

"부처님은 법좌에서 일어나시어 큰 신력을 나타내시니 오른 손으로 한량없는 보살마하살의 머리를 어루만지시고 이 말씀을 하시되.." "나는 한량없는 백천만억 아승지겁에 이 얻기 어려운 아뇩다라삼보리의 법을 수행 했노라.

지금 너희에게 부촉하노니, 너희들은 응당 일심으로 이 법을 널리 펴서 이익을 더하도록 하라." "능히 중생에게 부처님의 지혜. 여래의 지혜. 자연의 지혜를 주니라." "여래는 모든 중생의 대 시주니라. 너희는 나를 따라 이 법을 배울지니, 아끼고 인색한 마음을 내지 말라." 이렇게 부처님은 일체 중생을 구제의 대상으로 여기고 정열을 아끼지 않았다.

그때 보살들은 기쁨이 전신에서 흘러나왔다. 자신도 모르게 몸과 머리를 숙여 합장하며 함께 소리내어 말했다. "세존께서 말씀하신 대로 마땅히 실천하겠나이다. 원하옵나니 조금도 염려하지 마십시오. 보살들은 이와 같이 똑 같은 말을 세 번 반복 하였다." 약왕보살품에 희견(藥王)보살은 법화경을 듣고 은혜에 보답을 위하여 법화경과 일월정명덕여래를 일념으로 신통력으로써 공양하고 있었다.

그러한 공양보다 자신을 육신을 공양하는 편이 더 좋다

고 생각하여 자신의 육신에 불을 부쳤다. 이러한 일체중생 희견보살의 소신공양을 '순결한 정신이다' '제일의 보시이다.'라고 모든 부처님들은 한결 같이 찬양했다.

소신공양으로 도구로 삼는 구도자들인 보살의 얼굴에는 기쁨이 넘쳐흐르고 있다. "만일 발심하여 위없는 바른 깨달음을 구하려 한다면 손 혹 발가락 하나라도 태워서 불탑에 공양하라. 그 공양은 다른 어떤 공양보다도 훌륭한 것이다." 진리를 구하기 위해서라면 자기의 생명을 버린 절대적 신봉으로 부처님께 공양하는 진정한 마음을 충분히 음미할 수 있을 것이다.

요즘 불자들 목에 힘주고 이절 저절 다니며 생색내기 좋아하는 자칭 대 보살님들 과는 참으로 대조적이다. 자기를 내세워 자랑하기 먼저 상대방을 칭찬하는 그러한 마음 가운데는 '부처의 지혜'가 머물고 있기 때문에 자가의 지혜로 실천해 가는 참다운 보살 구도자들은 세상에 아름다운 발고여락(拔苦與樂)의 나눔이 될 것이다. 발고(拔苦)란 법화경으로 일체 중생을 고뇌에서 벗어나게 하고, 여락(與樂)이란 다음 열두 가지로 즐거움을 준다 하였다.

1. 목마른 사람에게 시원한 연못처럼
2. 추위에 떠는 사람에게 불꽃처럼

3. 벌거벗은 사람에게 의복처럼

4. 상인이 좋은 안내인 만난 것처럼

5. 아이에게 어머니처럼

6. 나루터에서 배를 만난 것처럼

7. 병든 사람에게 의사처럼

8. 캄캄한 밤에 등불처럼

9. 가난한 사람에게 보물처럼

10. 뱃길 항로 발견한 것처럼

11. 횃불을 만난 것처럼

12. 가뭄에 단비를 만난 것처럼

이 법화경은 모든 괴로움, 일체의 병통과 죽음의 삶에서 해방시켜 준다고 설하고 있다. 법화경은 믿음으로 일관 되었는데, 세가지 커다란 측면을 가지고 있다.

첫 번째는 1승개성사상(一乘皆成思想)과 구원(久遠) 본불(本佛)의 개현(開顯)으로 대표되는 교리 사상 측면이다.

두 번째는 분별공덕품에서부터 법사공덕품까지, 거기에 제25장 관세음보살품등에서 설하는 현세 이익의 측면이다.

세 번째는 이 약왕보살본사품이나 법사품, 권지품 등에서 설하는 몸과 목숨도 아끼지 않는 다는 부자석신명(不自惜身命)으로 법화경을 세상에 널리 넓히는 것과 실천적 측면이다.

부처님의 미간백호에서 정화수왕지여래 아래에 찬란한 광명을 발하는 "묘음"이라는 보살을 살펴보자. 관음의 전신인 묘음보살은 만 이천년 동안 십만가지의 악기로써 운뇌음왕불에게 공양하고, 또 팔만사천의 칠보로 된 바루로 공양을 올린 공덕으로 신통력(神力)을 얻었다고 한다. 묘음보살은 홀로 앉아 있지만 몸은 여러 가지 34가지로 변신하여 어느 곳이나 출현하여 법화경을 설하고 중생들의 소원하는 바를 모두 들어준다.

4만2천의 천자들과 함께한 자리에서 묘음보살에서 법화삼매를 얻은 화덕보살이 깊은 감동을 받아 설명한다. 묘음보살은 정화수왕지불게 "사바세계에 가서 석가모니불게 예배공양하고 문수. 약왕. 약상 등의 보살들과 친견하고자 합니다." 묘음보살이 곧 삼매에 들어 사바 국토의 영축산 가까운 곳에 8만4천의 보배 구슬로 만든 연꽃을 나타내 보였다. 그러자 석가모니 부처님께서는 "이것은 묘음보살이 정화수왕지불의 국토에서 8만4천의 보살을 이끌고 와서 나를 예배하고 공양하고 또 법화경을 듣고자 하는구나." 대답하신다.

묘음보살품에서 나오는 일체색신삼매 즉 보현색신삼매와 역할이 같은 것이 보문시현(普門示現)이며, 관세음보살 보문품인데 관세음보살이 33가지의 몸을 나타내어(示現) 지옥.아귀.축생.수라.인간.천상의 6도 윤회의 불구덩이에 휩싸여 모조리 죽어가는 중생들을 남김없이 구제한다.

"선남자여, 만일 한량없는 백천만억의 중생이 여러 가지 고뇌를 받는다고 하더라도 이 관세음보살의 보살의 공덕이 위대함을 듣고 일심으로 그 이름을 부른다면 관세음보살은 곧 그 음성을 듣고 그 실상을 뚜렷이 꿰뚫어 보고 그들을 모두 괴로움에서 벗어나게 해준다." 의심하지 말라 중생들의 죽어가는 소리를 꿰뚫어보시고 그 괴로움을 벗어나게 한다.

중생들의 아픔을 모두 듣는다 하여 관음, 또는 관세음이라 이름을 부르게 되었다. 중생들이 죽어가는 아픔이란 불난리. 물난리. 귀신장난. 단명. 형액난. 원한과 적의난 이렇게 7난(難)과 탐욕. 분노.어리석음의 3독(毒)을 말한다.

불자들에게 가장 중요한 부분이 이다. 관세음보살이 고정된 실체가 따로 존재하느냐 하는 것이다. 중생은 불교를 믿는다고 하면서 실제로는 마음 챙기는 그 밖의 외도(外道)인 신아론(神我論)에 빠져있다. 다시 말해서 불교 신도중에 대부분 외도를 믿고 있다고 해도 과언이 아니다. 참으로 불교에서는 모든 것은 마음에 의해 비롯된다. 즉 때로는 법성(法性)이라고도 하고 법신(法身)이라고 하는 마음밖에 따로 부처나 관세음이나 중생이 존재하는 것이 아니고 우리 청정 일심 속에 모두가 존재하는 것이다.

한마음이 맑으면 청정법신불이며, 한마음이 차별이 없으면 원만보신불이며, 한마음이 중생을 위하면 천백억화신불이다. 불교에는 수많은 다라니와 주문이 있다. 그리고 다라니와 주문을 통하여 악마와 뇌란을 막아주고 각종 재난과 재앙과 환난을 모두 제거하며 목적하는 소원을 다 이루는 신비한 힘을 가졌다. 다라니품에 보면 맨 처음에 약왕보살이 등장한다.

부처님께서 법화경을 받아들여 간직하는 사람이 한 구절만이라도 실천하여 읽고, 외우고, 설하고, 쓰고, 남에게 전하며 수행하는 공덕이 갠지스강의 모래알수의 8백 만억 나유타 배(倍)에 이르는 부처님을 공양하여 얻는 공덕보다 더 크다고 설하신다. 그러자 약왕보살이 "세존이시여, 내 지금 참으로 설법자에게 다라니 주를 주어 그 들을 지켜주겠습니다." 하고 부처님께 여쭈며 다라니 문구를 설한다.

그때에 부처님께서는 "오! 훌륭하도다. 약왕이여, 그대가 법사의 몸에 염려해 그들을 지켜주기 위해 다라니를 설했으니, 많은 중생들이 풍부한 이익을 얻을 것이다." 그러자 함께있던 용시보살도, 비사문천왕도, 지국천왕과, 증장천왕과, 다문천왕들과, 나찰과 능력있는 수많은 신들이 앞을 다투어 "세존이시여, 저희들도 옹호 하겠습니다.

법화경을 읽고 외우며 믿어 간직하는 사람을 수호하기 위해 다라니를 설하겠습니다. 허락하여 주옵소서."이 얼마나 감격스러운 말씀이던가. 부처님 법을 보호하기 위하여 모두가 스스로 앞 다투어서 불교의 수호신이 된 신장들이다. 이교도 신들까지 불법을 애써 수호하려는 이 부분에서 우리 불자들도 불법을 적극적으로 수호할 것임을 다짐해야 할 대목이다.

묘장엄왕본사품에서는 아들인 두 왕자는 아버지인 왕을 교화하여 불법에 귀의시키고, 부처님 만나기가 참으로 어렵다며 두 왕자는 입산 출가 할 것을 허락을 부탁하여 어머니께 허락까지 받는다. 요즘 무책임한 불자들이 불교에 먹칠하는 일이 너무 많아 참으로 안타까운 일이다.

보현보살권발품에서 보현보살은 부처님의 지혜의 세상에서 제일가는 가르침에 감동하여 법화경을 수호할 것임을 부처님에게 반복하여 맹세했다. 부처님은 이 말을 듣고 보현보살을 칭찬하고 말한다. "만일, 이 법화경을 수지하고 독송하고 바르게 기억하여 생각하고 닦고 익히고 옮겨 쓰는 자가 있으면, 이 사람은 석가모니 부처님을 친견하고 직접 부처님의 입으로부터 이 경전을 들음과 같음이며, 그 위에 이 사람은 석가모니 부처님을 공양하는 사람이며, 부처님에 착하다고 칭찬 받을 만한 가치가 있는 사람이며, 부처님께서 손으로 그의 머리를 어루만지는 사람이며, 부처님의 옷으로 감싸여지게 되는 사람입니다."감탄을 하며 불법을 반듯이 수호하여 넓게 펴겠다고 맹세를 여러번 한다.

보현보살은 하얀 코끼리를 타고 법화경과 불법을 수호한다. "만약, 선남자 선여인이 여래의 멸도 후 어떻게 하면 능히 이 법화경을 얻을 수 있겠습니까." 부처님은 "네 가지 법을 성취하면 이 경을 얻을 수 있다."라고 설한다. 그 네 가지 법이란

"첫째는 자신이 모든 부처님에게 호념받고 있다는 강한 신념을 지닐 것.
둘째는 일상생활 가운데서 선행할 것.
셋째는 올바른 신앙을 갖고 흔들리지 않는 집단에 들어갈 것.
넷째는 자기뿐 아니라 다른 사람과 함께 구원받으려는 발심을 할 것." 인데 이 네가지 법을 실천하는 일이 무엇보다 중요하다고 하자 보현보살은 굳은 결심을 한다.

"세존이시여, 후 5백세에 흐리고 악한 세상에서 이 경전

을 수지하는 자를 내가 반듯이 수호하고 그 환난을 제거하고 안온을 얻게 하겠습니다. 박해를 가하려고 잘못을 엿보는 자가 있으면 편리를 얻지 못하게 하겠습니다." 보현보살은 법화경을 수지하는 자를 수호하고 안온하게 하며, 법화경을 독송하는 자를 여섯 개의 큰 이빨을 가진 하얀 코끼리를 타고 대보살과 함께 출현하여 공양을 올리고 수호하여 마음을 편히 쉬게하며, 법화경을 사유하는 자가 있으면 하얀 코끼리를 타고 그 사람 앞에 나타나고, 법화경의 한 구절 한게송을 잊어버린 사람에게는 이를 가르쳐 함께 독송하며 통달하게끔 하는 보살이다. 한마디로 말하자면, 보현보살은 법화경을 믿고 실천하는 법화행자를 분명히 수호하겠다고 맹세를 한 내용이다.

'부처님에게 분명히 보호 받고 있다' 라고 믿고 있는 사람에게는 반듯이 행복이 찾아온다. 인간은 약한 존재다. 약한 존재이기 때문에 신념을 갖지 않으면 않된다. 신념을 갖게 되면 자연히 강하게 되기 때문이다. '모든 부처님의 은총을 받고 있다. 라고 믿음만이라도 삶의 용기가 솟아 나오게 되는 것이다. 자신이 부처님이 될 수 있는 존재라면 타인을 먼저 부처님이 되도록 적극 후원을 하고, 자기는 그 이후라고 생각하는 마음이 절대 필요하며, 그 것이 대승불교의 근본사상이다.

법화경의 불가사의 한 사건

1. 사연들

법화경이 설해질 때 왕사성 교외의 영취산에서 1만2천인의 비구들과 함께 머물고 계셨다. 특히 법화경이 설해질 때 한때 허공으로 옮겨진다. 설법장소는 2처 3회로 되어 있으며 처음 서품에서 법사품까지는 영취산에서 설해지고, 다음 견보탑품에서 촉루품까지는 허공에서 설해지고, 최후 약왕보살본사품에서 보현보살권발품까지는 다시 영취산에서 설해진다.

2. 영취산에 모인 대중은 모두가 우리들

인간이 지양해야 할 이상을 인격화한 법신보살 마하살이라고 한다. 스스로가 불자로 자처하면서 보살이 무엇이고 어떠한 것인가를 잘 모르는 경우가 허다하다. 대부분의 사람들은 보살에 대한 성격규명이 분명하지 않은 채 자기 멋대로 보살을 신과 같은 존재로 단정지어 신앙의 대상으로 삼고 거기에다 복과 명을 빌고 있는 현실이다. 그러나 보살이란 곧 마음자리이며 행위에 대한 이름일 뿐, 고정된 실체가 아니다. 중생이란 고정된 자아가 있다는 생각과 실체로서의 생명체인 사람이 실존한다는 생각과, 영혼 또는 인격 주체로서의 개체라는 생각과, 영혼과 인격 주체로서의 개인이라는 그러한 생각에 사로잡혀 있다.

세월이 가도 다람쥐 쳇바퀴 돌듯 6도 윤회에서 벗어나지 못하는 것이다. 그래서 보살이란 우리들의 전생의 몸이며 마음자리와 행함을 말함이고, 중생이란 실존적 개체가 있다고 착각하여 자기의 생각에 사로 잡혀있는 것을 말한다. 법화경에 등장하는 보살 마하살은 인간으로서는 이 세상에 실재했다는 기록이 없다. 즉 법신으로서 보살이며 이상적인 존재들이다. 우리 인간이 갖추어야 할 덕상을 인격화시켜 상징화하여 우러러 숭배케 하므로 법신 보살이라 이름한다.

3. 여러 신들

법화경에 등장한 높은 신들은 모두 인도의 브라흐만교 즉 힌두교의 신들로서 불교가 이들을 받아들인 것은 이 신들을 믿고 있는 인도 사람들을 불교로 이끌기 위한 하나의 방법에서 비롯되었다. 종교적 원시적 발생은 자연에 대한 무서움과 두려움에서 시작되었다. 자기의 소망 성취를 위해 그 어떤 사물과 현상을 인격화 또는 신격화하고 이들에게 제사를 드려 노여움을 풀게 하여 자기의 소망도 이루도록 하였던 것이니, 이것이 바로 힌두교의 여러 신들이며 오늘날 사천왕을 비롯하여 법당에 모셔진 신장님들이다.

4. 모든 가르침이 나오는 오직 하나의 법이란

부처님께서 모든 보살들을 위여 대승법을 설하시는 일을 무량의(無量義)라 하였다. 이 무량의의 가르침을 실상법이라 하고 그것을 일러 오직 하나의 법이라 하였다. 무량의란 이 우주 안에 있는 일체 정신적. 물질적 현상의 참 모습인 실상인 본 바탕이 무한히 크기 때문에 그 본체가 한량없다는 뜻이다. 갖가지 천차만별 된 현실이 생겨나오기도 하고 근원을 찾아서 하나로 돌아가는 자리며, 모든 물체의 물질적인 원인인 진공(眞空)이며 과학으로 말하면 에너지이다.

5. 법화경에 나타난 상서로움의 신비란

부처님은 많은 대중들에 에워싸여 무량의. 교보살법. 불소호념이라 이름하는 대승경 말씀을 마치자 결과부자하고 무량의처삼매에 들어가 미동도 하지 않으셨다. 이때 세상에서 불가사의한 현상이 나타났다. 하늘에서는 아름다운 꽃잎이 비처럼 내리고 부처님이 계시는 대지는 상하 사방으로 진동하였으며 단정히 앉아 계신 부처님의 두 눈썹사이 양미간에서 하얀털(白毫相)이 한줄기의 빛이 발하여 동방 1만8천의 세계를 비추니 그곳의 온갖 일들이 남김없이 보였다. 이것이 법화경을 설하려고 할 때 나타난 상서로운 조짐이다.

첫째 이 땅의 여섯가지 상서로운 조짐
1. 부처님께서 무량의경을 설하신 것
1. 부처님께서 무량의처 삼매에 드신 것
1. 하늘에서 꽃이 비처럼 내린 것
1. 대지가 여섯가지로 진동한 것
1. 회중의 4중. 천룡8부중들이 그것을 보고 환희한 것
1. 부처님께서 미간의 백호상에서 빛을 발신하신 것

둘째 저 땅에서 여섯가지 상서로운 조짐
1. 저 땅의 6도 중생을 본 것
1. 저 땅에 계시는 제불을 본 것
1. 4중이 수행하고 득도하는 것을 본 것
1. 보살들이 수행하는 것을 본 것
1. 제불이 반열반하는 것을 본 것

셋째 부처님께서 가지신 또 하나의 눈
무량의경을 설하신 부처님께서는 조용히 명상에 들어 계셨다. 하늘에서는 가지가지 아름다운 꽃들이 비 오듯 내리고, 양미간의 백호광에서는 한줄기 빛 속에서 아래로는 아

비치라는 무간지옥에서부터 위로는 아가니스탄이라고 하는 색계18천까지 구석구석 두루비추어지고, 그 곳에 부처님이 열반에 드시자 그 사리를 아름다운 일곱가지 보배로써 탑을 세우고 그 속에 모시는 것도 보였다.

진실로써 사물의 세계는 적어도 4차원 이상의 세계이다. 우리의 육안을 가지고는 이 세계를 있는 참답게 그대로를 볼 수 없다. 만물 만상은 고정된 실체가 없는 공성(空性)이다. 계속 변화해가는 것인데도 우리 범부 중생들은 영원한 실체인줄 착각하고 이에 집착하기 때문에 인생의 고통을 받는 것이다. 이러한 고통에서 벗어나려면 오직 부처님 지혜의 눈을 가지고 사물의 실상을 꿰뚫어 보아야 한다. 이 지혜의 눈을 상징하는 것이 바로 미간 백호상이다. 부처님 지혜가 바로 청정법신. 원만반야. 화신해탈이다. 이것을 일러 극락이라 부르는 열반 4덕의 상.락.아.정(常樂我淨) 자리이다.

법화경은 실천의 수행 그 자체

1.묘법연화경이란

사람들은 웬일인지 대부분 법화경을 어느 부분만 장님 코끼리 만지듯 살피고 부처님의 참뜻을 이야기하고 있다. 그로 인하여 불교와 전혀다른 신본적인 사상으로 해석하거나 법문을 하고 있음이 참으로 안타까운 일이다.

법화경의 본 이름은 "나무 삿 다르마 뿐다리이카 수트라"이다. 나무는 귀의한다. 삿은 진실하고 바르고 훌륭하다. 다르마는 법이며 진리로 존재의 원리인 제법실상(諸法實相)이다. 수트라는 꿴 실이라는 뜻으로 지름길이다. 묘법연화경이란 속세에 있으면서 현상의 변화에 현혹되지 않고 우주의 진리에 순응하여 바르게 살며 자기의 인격을 완성하면서 세상을 평화로운 이상향으로 만들어 가는 길을 뜻한다.

"부처님은 법(法)이란 말을 쓴다." 법이란 대략 4가지 뜻이 있다.

첫째는 사물을 가리키는데 경전에서 이 뜻으로 사용되고 있다. 제법실상 즉 "우주에 존재하는 일체의 물질과 생명체 및 우주에 일어나는 일체의 현상"을 말하는 법이 바로 그것이다.

둘째는 모든 생명을 존재케 하며 혹은 살려주고 있는 근본적 대생명, 즉 그러한 사물의 실체를 관통하여 보는 절대적 진리를 법으로 표현하는데, 법계라든지 법성이란 말로 쓴다.

셋째는 그 절대 진리이며, 근본적인 대생명이 우리가 눈으로 본다든지 귀로 들을 수 있는 현상으로 나타날 때에는 일정한 규칙에 지배된다고 하는 법칙이라는 뜻으로 현재 우리가 보통 사용하는 법이라는 말이다. 넷째는 그 진리나 법칙을 바르게 설하는 가르침이라는 뜻도 있다. 불법이라 할 때의 바로 그것이다. 여기서 꼭 알아야 할 것은 나 자신이 느껴서 인지하여 알수있는 모든 것이 법인데, 눈. 귀. 코. 입. 몸. 의식의 육근을 통하여 인지 할 수 있는 범위를 일체법이라 한다.

2. 연꽃이란

묘법은 "거룩하고 빼어나서 다른 말로는 표현할 수 없는 오직 한마디로 수긍이 가는 것을 말하고, 연화는 "연꽃이다. 뿐다리이카는 하얀 연꽃이라는 뜻이다. 옛날 인도 사람들은 이 세상에서 가장 아름다운 꽃을 하얀 연꽃으로 보았기 때문이다. 그 이유는 하얀 연꽃은 진흙에서 피면서도 더러움에 물들지 않기 때문이다. 혼탁한 인간 속세 즉 진흙에서 생활하면서 속세에 물들지 않고 사로잡히지 않는 아름다운 생활. 자유자재를 하기위한 그들의 깨끗한 염원이다.

> 그런데 연꽃은 세가지 덕이 구비하고 있다.
> 첫째는 어니불염덕(淤泥不染德) 진흙에 물들지 않는다.
> 둘째는 종자부실덕(種子不失德) 종자가 썩지 않는다.
> 셋째는 화과동시덕(花果同時德) 꽃과 열매가 동시에 맺는다.

이 연꽃의 세 가지 덕을 우리들에게 적용해보면, 인간이 육도 윤회를 하며 5탁 악세에 더럽히지 않고 오로지 수행 정진하여 불성을 일깨워서 부처가 되는 것을 말하고 있다. 불성(佛性)이란 청정일심(淸淨一心)을 말한다.

3.법화경의 적문과 본문이란

법화경은 총28품인데 전반 14품을 적문(迹門)이라 하여 부처님이 몸소 깨달으신 제법실상(諸法實相:佛所成就 第一稀有),즉 대 우주간에 있는 참다운 진리를 가르쳐서 일체

중생이 똑 같은 깨달음을 얻게 하여 광대무변한 이익을 주고자 하는 것이다. 후반 15품부터 28품까지는 본문(本門)으로 적문에서 가르치지 않았던 부처님의 본체인 본지(本地: 如來 如實 知見 三界)를 뚜렷이 밝혀 아주 참되고 공명정대한 부처님의 경계를 표시하고 있다.

4. 삼승방편 일승진실이란

법화경에서는 성문.연각.보살승을 수행의 모델로 등장시켜 그들 각각에게 설하는 가르침을 4제.12인연.6바라밀의 내용을 주무기로 사용하였는데, 법화경은 부처님의 지난날 교화를 사성제(四聖諦)인 인생고(人生苦)의 해탈수행인 성문승. 十二緣起 좌선의 명상 수행 연각승. 六바라밀 나눔의 수행 보살승으로 정리 하였다는 사실이다.

이상과 같이 성문 연각 보살을 삼승의 방편이라 규정하는데 앞 2승은 소승이며 대승은 보살이라 한다. 따라서 3승은 잠정적인 존재며 진실로는 불승(佛乘)과 1승을 결합해서 1불승이라 한다. 실은 이 문제는 다름아닌 3거 화택(三車火宅)의 비유 가운데 나오는 소리다.

부처님의 수행을 강조하는 설법의 근본 취지는 4성제는 고집멸도(苦集滅道)완전 해결하는 목적이다. 그것은 뭐니 뭐니해도 인생고를 해결하자는 목적이다. 그 인생 고(苦)란

4고와 8고가 된다.

　인간이 필연적으로 격어야 하는 생.노.병.사와
　원증회고(怨憎會苦 미운사람 만나야하고).
　애별이고(愛別離苦 좋은사람은 떠나고).
　구부득고(求不得苦 얻지못하고).
　오온성고(五蘊盛苦 심신의 아픔)를 말한다.

　이러한 인생고의 원인은 무지한 중생들이 욕망에 사로잡
힌 집착으로 말미암아 자기 본래의 자연지혜인 자신을 상
실해 버린 것이다. 이 상실된 자기를 회복하는 지혜를 열어
서 들어내어 깨달아 행복을 누구나 함께하는 방법을 가르
쳐 주기위해서 부처님이 이 땅에 오셨다. "잃어버린 자기
를 찾아라." 그 방법 중에 가장 핵심은 8정도(苦樂中道)사
상 인데 특히 사람으로써 팔정를 실천 수행하여 정견(正見
바른소견)을 확립하라는 뜻이다. 꼭 기억해야 한다.

　부처님은 맨 처음 다섯 비구에게 팔정도 수행법을 시작으
로 열반직전까지 팔정도 수행을 당부하시며 팔정도가 없으
면 불교 수행법이 아니다 라고, 유언으로 되어 있다. 그리
고 인생고의 일어나는 원인은 모두가 인연으로써 "뭔가-
에 의(연緣)해서 일어난(기起)다"의 뜻으로 사물은 원인.조
건에 의해서 생기는 것임을 말한다.

사물이 생기는데 도리, 존재 방식을 연기라 설명하는데 부처님께서 맹목적인 고행주의를 탈피하고 보리수 아래 좌선하며 명상을 하고 있을 때 관찰했다고 하는 중요한 실천적인 교리가 유명한 12연기법인데 사물의 도를 완벽하게 깨치는 부처님의 독보적인 수행 방법인 중도사상이다. 도를 깨우치면 일체 생명이 다함께 행복하게 살아가는 공생공존을 위한 보살도를 실천수행으로 보림(寶林)을 해야한다.

이러한 보살에 대한 가르침을 보살승이라 한다. 6바라밀의 가르침을 지칭하며 부처가 되는 것을 이상으로 한다. 사람으로서 사람답게 한번 멋지게 살아가는 모습들이 보살도 나눔을 실천하는 수행자들이다.

5. 3주설법(三周說法)이란

부처님은 설법을 3승방편. 1승 진실의 사상을 상. 중. 하의 세 단계 근기의 성문에 대응해서 각각 법(法진리.이치). 비유(譬喩사물비교). 숙세인연(宿世因緣전생사건)을 설한다는 방식으로 3회에 걸쳐 설법한다.

이것을 각각 법설주, 비설주, 인연설주의 3주 설법이라 하고 주(周)란 사이클이란 뜻이다.

상근기 성문 제자인 사리불에게는 제2 방편품으로 1불승(佛乘) 진실의 사상을 이론으로 설명하고, 중근기 성문의 4

대 제자인 수보리.가전연.마하가섭.목건련등에게는 제3 비유품에서 영해(領解)즉 이해(理解)하도록 하고 성불의 확신을 갖게하여 부처님의 수기(受記) 즉 말세에 성불의 약속이 이루어지고, 상근기 제자인 사리불은 다른 성문을 위하여 알아듣기 쉬운 3거화택비유를 부처님께 간청하여 설법을 듣는다.

그 밖에 하근기 성문 제자 등에게는 제7 화성유품에서 숙세인연설인 대통지승불의 이야기를 설하였다. 그리고 제4 신해품에서 비유설을 이해한 4대 성문들은 지금까지 대승법을 진심으로 구하지 않았던 자신들의 태도를 준엄하게 자기 비판 후에 자기들이 이해한 것을 장자궁자의 비유를 들어 나타낸다.

제5장 약초유품에서 부처님은 4대성문의 이해가 바른 것을 인정하고 3초2목의 비유를 설명하였는데 이것을 술성(述成)이라 하여 부처님이 제자에게 이해를 그대로 승인하였다는 뜻이다. 제6장 수기품에서는 4대성문에게 수기를 한다. 그러나 비유설에서 이해하지 못한 그 밖에 하근기 성문들을 위하여 부처님은 제7 화성유품에서 아득한 과거에 대통지승불의 이야기를 말씀하시는데, 이 과거의 이야기를 통하여 성문은 이 세상에서 처음으로 부처님의 제자가 된 것이 아니라, 이미 3천 진겁전의 옛날부터 깊은 스승과 제

자사이였음을 눈을 뜨게 한다.

  성문들은 이렇게 부처님의 1불승(一佛乘:중생이 부처되
는 가르침)인 일대사인연(一大事因緣)의 참뜻(開示悟入)을
이해하게 되었던 것이다. 그 밖에 수많은 성문들도 중생들
을 위하는 부처님의 1불승(得佛知見)의 진실을 이해하였으
므로 수기가 된다. 제8 5백제자 수기품에서 부루나와 1천2
백의 아라한이 수기를 받았으며, 제9 수학무학인품에서는
아난다와 라홀라와 2천 인의 유학(有學범부중생).무학(無
學깨친아라한)의 모든 성문들에게 수기가 이루어졌다.

묘법 연화경의 참뜻

법화경은 사람마다 본디 갖추고 있는 지혜이기에 얻어 문자로써 억지로 말할 수 있는 내용이 아니다. 그럼에도 불구하고 부처님 석가세존께서 이 경을 설하신 까닭이 무엇인가.....!

이는 번뇌가 많은 중생들이 세간의 이치가 실상이며 현상으로 드러난 모습이 곧 오묘한 법인 줄 알지 못하므로, 불타는 집에서 아무 것도 모르며 불에 지지고 볶이기를 앉아서 기다리고 있기 때문이다.

석가모니 부처님께서는 높고 바른 깨달음을 처음 이루시고 적멸도량에서 아름다운 노사나불의 모습으로 법신 보살과 팔부신중과 함께 법계를 그 체(體)로 삼고 허공을 용(用)으로 삼아 화엄의 돈교를 설하셨다. 그 설법은 모든 상(相)을 떠나 고요했기에 온갖 덕(德)이 다 갖추어져 있었고, 하나하나의 모습이 거칠든 오묘한 도리이든 원교(圓敎)와 별교(別敎)가 함께 있었다.

이른바 찰나에 설하고 티끌로 설하며 부처님이 설하고 보살이 설하여 삼세가 한꺼번에 설했다는 것이 바로 이 법이다. 그러나 단숨에 설해진 이런 가르침은 십지(十地)에 들어간 보살이나 전생에 공부를 익힌 최상근기의 사람들은 알 수 있었지만 성문과 연각들은 알 수 없었다.

이에 여래께서는 아름다운 노사나불의 몸을 벗어나 방편으로 중생의 몸을 나타내시었다. 도솔천에서 카필라 왕궁의 마야부인 몸속으로 내려와 왕자로 태어나 성장한 것이다.

처음에는 아야교진여와 함께 다섯 사람을 위하여 4성제(苦集滅道)성스런 이치와 12연기법의 인과의 법칙을 설하시고 도를 닦아 의혹을 끊는 모습을 밝히시었다.

그 다음에는 방등경을 설하시어 한쪽에 치우친 견해를 지탄하시고, 작은 가르침을 물리치고 큰 가르침을 찬탄하시며, 소승과 대승의 가르침을 원만하게 받아들이게 하여 듣는 이들의 수준이 점차 높아지게 설하셨다.

그리고는 반야경을 설하시어 모든 법이 공(空)임을 일러

주시고, 삼승을 회통시켜 잘못된 모든 가르침을 잠재우시고, 부처님의 가르침을 상속시켜 대중들의 마음이 곧고 알차게 되어서야 비로소 이 대승의 원만한 가르침인 법화경을 설하시게 되었다.

법화경은 중생을 위하여 방편을 베풀면서 부처님의 참모습을 나타내며 성문 연각 보살을 회통하여 일불승에 돌아간다.

적멸 도량의 근본 가르침을 창달하여 영취산에서 성대한 법화를 열고 과거에 설했던 돈교와 점교의 뜻을 원만하게 하며, 이 자리에서 법을 비유로써 회통시켜 공(空)과 가(假)둘 다 그 모습을 드러내니 처음과 끝이 같은 것이었다. 네 가지 성스런 진리와 열두 가지 연기(12緣起)법과 육바라밀(6波羅密)등 모든 것이 동사섭(同4攝)아닌 것이 없었다.

영산회상의 법회를 시작할 때 사건들

*1서품에서 문수보살을 앞에 둔 것은 실상의 지혜를 드러내기 위한 것이고, *2방편품을 시작할 때 사리불이 첫머리에 있는 것은 부처의 지혜인 지혜 방편을 내세우기 때문이다. *3비유품의 철없는 아이의 불장난을 즐기는 화택 비유와 *4신해품의 집을떠나 방황하는 가난한 아들과 *5약초유품의 부처님자비의 약풀 비유와 *6수기품의 수기 내용은 모두 중간 근기를 위한 것이고, *7화성유품과 *8오백제

자수기품과 *9수학무학인기품은 특히 근기가 낮은 이를 위한 가상적인 자상한 비유를 들은 것이다. *10법사품은 법화경과 인연 있는 이들 모두에게 성불할 것이라고 자세히 이야기를 해 주고 있으며, *11견보탑품의 상서로움은 이 법이 원만함을 증명하는 것이다. *12제바달다품에서 악독한 제바달다가 수기를 받는 것과 어린아이 용녀의 성불은 오묘한 법의 신묘한 이익을 나타내고, *13권지품에서 보살들이 자비로운 마음으로 늘 법화경을 지녀 성문들에게 그 가르침을 전할 것을 다짐하는 것은 이 법이 널리 퍼졌다는 내용을 드러내는 것이다. *14안락행품은 보살들이 가까이 해야 할 바른 행을 일러주고, *15종지용출품에서는 보살들이 부처님의 법을 받들려고 땅속에서 솟아오르는 것을 보여주며, *16여래수량품에서 여래 수명이 영원함을 이야기해 주는 것은 법을 듣는 중생으로 하여금 이 법을 믿고 받아 지니도록 방편을 베푼 것이며, *17분별공덕품, *18수희공덕품, *19법사공덕품, *20상불경보살품은 법화경을 가져서 얻는 이익이 한량없음을 비유로써 이야기하고, *21여래신력품은 여래께서 이 법을 유통하신 시초를 말하며, *23약왕보살본사품은 보살이 이 법을 유통한 시초를 보여주는 것이다. 부처님 석가세존이 신통력을 드러내어 법화경을 영원히 유통하도록 부촉하는 *22촉루품, *23약왕보살이 몸을 사르어 소신공양하는 헌신을 보여 주는 약왕보살본사품과. *24묘음보살품의 삼매에서 나타나는 오묘한 행을 드러내는 거룩한 모습과. *25관세음보살보문품의 관세음보살이 중생의 아픔을 거두시는 자비의 원만한 행을 보여주는 모습과. *26다라니품에서 목숨을 건 신장의 힘으로 이 법을 널리 세상에 펴도록 옹호하는 이야기가 담긴이야기와. *27묘장엄왕본사품에서 나오는 이야기로 부자지간 인연으로 아버지의 삿된 소견을 바꾸어 주는 내용과. *28보현보살권발품에서 보현보살이 일체 중생을 구제하기 위하여 한사람에게라도 법화경의 한구절을 외우도록 간절히 애쓰는 이야기들은 비록 다른 내용이라 할지라도 이 법을 유통하는 입장에서는 동일한 것이다.

처음부터 끝까지 법화경을 관통하는 중심생각은 '늘 이 법을 행하라.'는 말이니, 이것으로 이 경이 지혜의 실천을 중요시 하고 있음을 알 수 있다. 부처님의 한 줄기 백호광명이 동쪽으로 비추는 것은 지혜의 경계를 모두 드러낸 것이다. 몸·입·뜻·서원이 네가지 법이 청정하게 성취됨으로 연꽃법사는 실천할 방편을 다 갖추게 된 것이다.

법과 비유와 인연을 처음에 두루 설한 것은 그 체(體)를 밝힌 것이고, 청정한 육근의 공덕을 나중에 나타낸 것은 용(用)을 밝힌 것이다. 이렇게 많은 소리들이 모두 지혜의 실천 아닌 것이 없다.

지혜로 깨달음을 증득할 수 있고 그 실천으로 온갖 덕을 이룰 수 있다. 지혜와 실천하는 행이 둘 다 완전해야 그 미묘한 맛을 얻는 것이다. 그러므로 이 경을 법화경과 묘법연화경이라고 한다.

참다운 성품은 고요하고 맑아 말로 표현할 수 있는 길이 없기에 묘(妙)라 하고 참 모습이 어디에도 걸리지 않고 뚜렷이 의미가 드러나므로 법(法)이라고 한다. 이 묘법이 꽃과 열매가 동시에 있고 더러운 곳에 있으면서도 늘 깨끗한 연꽃과 비슷하기에 연(蓮)이라고 하고, 빈 듯하나 매우 깊은 성품이 있어 온갖 행을 원만하게 갖추고 있는 것이기에 화(華)라고 하며, 부처님의 지견을 열어 모든 사람이 두루 깨달아 들어가게 하였으므로 경(經)이라고 한다.

법화경은 모두 일대사인연으로 이 세상에 나타나신 부처님께서 일불승으로 중생들이 갖고 있는 순수한 부처님의 성품을 활짝 열어 보이신 것이다.

방편품 게송에서 "이승도 없고 삼승도 없다."고 말한 것은 가르침이 하나라는 사실을 말하고, "곧바로 방편을 버린다."는 것은 실천하는 행이 하나라는 사실을 말하며, "세간의 모습이 법의 자리에 늘 머문다."는 것은 곧 이치가 하나라는 것을 말한다.

신해품의 게송에서 "다만 보살승만 위한다."고 한 것은 가르치는 대상이 하나라는 것을 말한다. 그 법을 말한 때는 한낮이었기에 모든 중생들이 볼 수 있었고, 그 법의 맛은 어느 것에도 견줄 수 없었다. 성(性)과 상(相)이 아우러지고 체(體)와 용(用)이 드러나며 미혹과 깨달음이 사라져씨알과 열매가 원만 성취된 것이다. 이는 마치 사자굴 안이전부 금빛 털로 가득 차고 전단 숲 아래 곳곳에서 전단향냄새가 나듯, 자연스레 법화경을 듣는 사람은 성을 내는 이나 기뻐하는 이, 견해가 치우친 이나 원만한 이들 모두 흰소가 끄는 큰 수레를 얻어 열반에 들어가는 것이다. 이 법을 보는 이나 듣는 이나 따라서 기뻐하는 연꽃 법사들이 모두 빠짐없이 부처님의 수기를 받는 것이다.

보고 듣는 일이나 일어나는 현상 하나하나 미묘한 법 아닌 것이 없고, 중생들이 부처님을 깊이 찬탄하고 드러내는모든 것이 다 오묘한 마음이다. 이 내용으로 미루어 보면산하대지와 밝고 어두운 색과 공(空), 이 모든 것이 다 오묘한 체(體)를 드러낸다. 생사와 열반, 보리와 번뇌가 모두미묘한 작용이고 낱낱이 원융하며 낱낱이 두루 하여 취하거나 버릴 것이 없고 모자라거나 남을 것도 없다.

"시원한 바람 속에 두둥실 떠오른 둥근 달은
늘 '등불처럼 밝은 부처님'이 눈앞에 나타나는 것이요
즐겁게 새가 지저귀고 한아름 꽃이 활짝 피는 것은

법계에서 보현이 늘 보살행을 행하는 것이다.

법에서 마음을 밝히는 것은
붉은 등불이 너울너울 춤을 추는 것이요
나타난 모습에서 오묘한 도리를 드러내는 것은
부처님 법당의 둥근 기둥이 아이를 품는 것이다.
모든 부처님이 할 수 있는 일을 다 마쳤으니
중생을 제도하는 온갖 방편이 참으로 크다.

총명한 자로 목숨을 아끼지 않고
영취산 법회를 책임지고 받들어서
법화경을 유통시킬 자가 있는가.

서슴없이 나오너라.
내가 그대와 함께 기뻐하리라.
함께 기뻐하더라도 오묘한 법은
언사로써 표현할 수 없다.

연꽃의 참다운 법은 참이다 거짓이다 말할 수 없으니
무엇으로 함께 따라 기뻐할 수 있겠는가.
알겠느냐.

'묘법연화경'이라는

다섯 글자를 들어 기뻐하노라.
글 이전의 참된 뜻을 알아 맞추면
뜻 가운데 보배 구슬 놓아 버려라"

나무 샷 다르마 뿐다리이카 수트라

법화경 비방하는 무서운 과보

부처님 석가세존께서 비유품에서 말씀하신다.

삼계가 편안함이 없는 것은 마치 불난 집과 같으며, 많은 괴로움이 가득차서 가히 심히 겁나고 두려우니라. 항상 나고 늙으며 병들고 죽는 것과 근심 걱정이 있으며, 이와 같은 것들의 불이 치성하게 타올라서 쉬지를 아니하느니라. 여래는 이미 삼계의 불난 집을 떠나서 고용하고 한가하게 살며 편안하게 숲이나 들판에서 사느니라.

지금 삼계는 모두 나의 것이며, 그 가운데의 중생은 모두 바로 나의 것이며, 그 가운데 중생은 모두 나의 아들이거늘, 그러나 지금 이곳은 모든 근심과 난리가 많으니, 오직 나 한 사람만이 능히 구원하고 보호할 수 있느니라.

너 사리불도 오히려 이 경에서는 믿음으로써 들어옴을 얻게 되었거늘, 하물며 다른 성문이랴. 만약 사람이 믿지 않고 이 경을 헐뜯고 비방하면 곧 세간의 부처님 종자를 끊는 것이니라. 혹은 다시 얼굴을 찡그리며 그리고는 의심과 미혹을 품으면, 너는 마땅히 이 사람의 죄보를 설하는 것을 잘 들어라.

만약 부처님께옵서 세상에 계시거나 만약 멸도하신 뒤에, 그가 이와 같은 부처님의 말씀인 경전을 비방함이 있거나, 경을 읽고 외우며 쓰고 가지는 어떤 자를 보고 가벼이 여겨 천대하거나 미워하고 질투하며 이에 원한 맺음을 품으면, 이 사람의 죄보를 너는 지금 다시 들어라.

그 사람이 명을 마치면 아비지옥에 들어가서 일겁을 흡족하게 채우고 겁이 다하고는 다시 태어나며, 이와 같이 되풀이하기를 수없는 겁에 이르렀고, 지옥으로부터 나와서는 마땅히 축생에 떨어져서 만약 개나 들짐승이 되면, 그 형상이 대머리이고 파리하여 검으면서 누렇고, 옴과 문둥병이나 악질에 걸리고, 사람이 찌르고 어지럽게 할 것이며, 또다시 사람이 가서 미워하고 천대할 것이고, 항상 피곤하고 굶주리며 목말라 뼈와 살이 야위고 마르며, 살아서는 회초리로 독하게 맞아죽고, 죽어서는 기와나 돌에 덮여지나니, 부처님의 종자를 끊는 까닭으로 이러한 무서운 죄의 보를 받았음을 잘 알아야 하느니라. 나는 부처다 나는 세상을 위하여 존재하고 있습니다.

공경하고 공양하는 방법

부처님 석가세존께서 법사품에서 하신 말씀이다.

*만약 다시 어떤 사람이 묘법연화경의 이에 한 게송에 이를지라도 받아서 가지고 읽고 외우며 풀어서 말하고 써서 베끼면서, 나의 가르침인 이 경권을 공경하되 부처님과 똑 같이 보고, 꽃과 향과 영락과 가루향과 사르는 향과 비단일산과, 장대 끝에 용머리 모양을 만들고 깃발을 단것과, 부처님과 보살의 위엄과 덕을 표시하는 장엄도구인 깃발과 의복과 재주와 음악으로 가지가지로 공양하고 이에 합장하고 공손이 공경하는데 이르려면, 약왕이여 마땅히 알지니라.

이러한 모든 사람들은 이미 일찌기 십만억 부처님께 공양하고, 모든 부처님의 거처에서 큰 원을 성취하였으며, 중생을 불쌍히 여긴 까닭으로 인간에 태어난 것이니라. 약왕이여, 만약 어떤 사람이 묻되 "어떠한 중생들이 미래 세상에 마땅히 부처님 지음을 얻겠는가"하면 응당히 이러한 모든 사람들이 미래 세상에 반듯이 부처님이 될 것이라고 가르쳐라.

  *만약 악한 사람이 있어 착하지 못한 마음으로써 일겁 동안에 부처 앞에 나타나서 항상 부처님을 헐뜯고 욕할지라도 그 죄는 오히려 가볍거니와,
  *만약 사람이 한마디의 악한 말로써 집에 있는 이나 출가한 이의 법화경을 읽고 외워 나의 가르침을 따르는 자를, 헐뜯고 비방하면 그 죄는 심히 무겁니라. (佛 종자를 말살시키기 때문에 무서운 과보를 받는 것이다)
  *만약 부처님의 도에 머물러서 자연지혜를 성취하고자 하면, 항상 마땅히 부지런히 나의 가르침을 따르고 믿는 자에게 공양할지니라. 그 어떤 이가 일체 가지가지 사리에 밝은 지혜를 얻고자 하면, 마땅히 나의 가르침을 따를 것이며, 아울러 가진 자에게 공양할지니라.
  *만약 능히 나의 가르침을 믿고 따르는 자는 마땅히 알지니, 부처님의 심부름꾼인 바로서 모든 중생을 불쌍히 생각함이라. 능히 나의 가르침을 믿고 따르는 자는 모두 맑고 깨끗한 나라를 버리고 중생을 불쌍히 여기는 까닭으로 여기에 나느니, 마땅히 알아라. 이와 같은 사람은 나고자 하는 바를 마음대로 하느니라...
  내가 멸한 뒤 악한 세상에 능히 나의 가르침을 믿고 따르는 자에게는 마땅히 합장하고 절하며 공경하되, 부처님께

공양함과 같이 할지어라.

> 나의 이름 듣는 이는 지옥. 아귀. 축생의 아픔을 여의고
> 나의 형상 보는 이는 해탈을 얻으소서.
> 먼저가신 조상 부모 연꽃나라 왕생하며
> 지금 계신 스승 부모 수명이 바다와 같고
> 온 누리의 외로운 혼 괴로움에서 벗어지이다.
> 꿈틀거리는 미물까지도 피안에 오르게 하시고
> 세세생생 영원히 항상 보살도를 행하여
> 마지막엔 무사오리 원만하게 이루워지고
> 부처의 지혜 완성하여 지이다.
> 나무 시아본사 석가모니불

즉신성불(即身成佛)의 삶이 되라

　원컨대 법화경을 받아 가지고 이름을 시방의 부처님의 서원의 바다에 떨치고 그 영광을 삼세에 법계에 충만하신 자비의 보살께 보시하라. 그러므로 법화경을 가지고 받드는 사람은 천룡팔부 모든 큰 보살을 자기의 권속으로 하는 자이니라. 뿐만아니라 육신과 부처의 지혜의 안목을 갖추고, 한시적 범부의 몸이 무한적 성인의 옷을 입었으므로 삼악도를 두려워하지 않고 팔난에 거리낌도 없느니라.

　7방편의 산정에 올라가 9법계의 구름을 거두고 10지보살의 무구지(無垢地) 동산에 꽃이 피고 법성(法性)의 공(空)에 달이 밝으리라. "이 사람은 불도에 결정코 의심 없으리라(여래신력품)."의 말씀이야 말로 마음 든든하다. "오직 나 한 사람만이 능히 구원하고 보호할 수 있느니라(비유품)."의 말씀은 의심이 없느니라.

한 생각에 믿어서 이해함의 공덕은 5바라밀의 행보다도 나으며, 50전전(展轉)의 수희(隨喜)는 80년의 보시보다 수승함이라. 돈증(頓證)보리의 가르침은 저 수 많은 경전보다 수승하며, 팔세용녀는 큰 바다로부터 와서 법화경의 위신력을 찰나에 보이고, 본화(本化)의 최상의 행은 대지에서 용출하여 부처님 수명이 아주 멀리 오래됨을 나타내심이라.

언어의 길이 끊어진, 경 가운데의 왕, 마음과 행이 멸한 바에 묘법이라. 그런데 이 도리를 소홀하여 나머지 경과 같다고 함은 법을 비방한 극치이고 대죄의 지극이니 비유할 바 없느니라. 또 가로되, 마음이 미치지 못하는 까닭으로 그 고향이 그리울지라도 길이 끊어지고 연이 없으면 통하는 마음도 멀어짐이라.

그 사람이 그리울지라도 믿을 수 없고 언약이 안 되었다면 기다리는 마음도 등한시한 것과 같이 저 달무리보다도 수승한 영산정토에 가기 쉽건만 아직 가지 않음이라. "나는 곧 바로 아버지니라."의 부드럽고 거룩한 모습을 뵈올수 있음에도 아직도 뵈옵지 못함이라. 이는 진실로 옷자락을 적시고 가슴을 태우는 한탄할 일이 아님이요. 저물어가는 허공의 구름 빛과 먼동이 트는 새벽 달빛조차도 마음을 나타내는듯 하거늘, 무슨 일을 하든지 어느 때라도 뒷세상을 생각하라.

꽃피는 봄날이나 눈 내리는 아침에도 이를 생각할 것이며, 거센 바람이 불거나 구름이 이는 저녁에도 잠시도 잊어 버리지 말라. 나오는 숨이 들어오는 숨을 기다리지 않도다. 어느 때인들 "매양 스스로 이러한 뜻을 짓되(여래수량품)."의 비원(悲願)을 잊으리요. 어느 날인들 "한 사람도 성불 못하는 사람이 없으리라(방편품)."의 경을 받아 가지지 않으리요.

언제가 오늘이 되고 작년이 금년이 된다 해도 결국은 목숨은 남지 않은 것을, 모든 과거를 헤아려서 해가 쌓이는 것을 안다 할지라도 앞으로 하루 잠시라도 그 누군들 수명을 막을 것이요. 임종이 이제라도 있을 줄을 알면서도 아만과 편협함과 명예에 이롭기만 허영심에 집착해서 부처님의 묘법을 받들어 읽지 않는 그 마음이야 말로 기막힌 일이로다. 이것이야 말로 "모두 부처님의 도를 이루리라."의 법이라 말하면서 이 사람이 어찌 불도에 게으르지 않다고 할것이요.

또 목숨이 한 생각에 불과하니 부처님께서 한 생각 기쁨으로 받아들이는 공덕이라 설하심이라. 이러하므로 만일 이것이 둘, 셋의 생각으로 된다면 평등대해(平等大海)의 본

래 서원인 돈교(頓敎) 일승(一乘)모두 다 성불하는 법이라
고는 할 수 없으리라.

유포할 때는 말세, 정법이 사라질 때이시며, 중생의 근기
는 5역(逆) 방법마저도 넣음이라. 이런 까닭으로 돈증(敦
證)보리심은 제쳐놓고 의심과 집착의 사견에 몸을 아끼지
말라. 생애는 짧도다. 생각하면 잠시 하룻밤의 숙소인 것
을 잊어버리고 얼마만한 명리를 얻을 것이요. 또 얻었다 하
여도 꿈속의 영화이니 즐겁지 않은 낙이로다. 다만 전생업
연인(前生業緣因)에 맡겨야 하리라. 세간의 무상을 깨닫는
일은 눈 앞에 널려있고 귀에 가득하거니, 구름이 가고 비가
오는 것과 같도다.

옛 사람은 다만 이름만 들리도다. 이슬과 같이 연기와 같
이 사라짐이라. 현재 세상 모든 것도 사라진다. 꽃은 봄바
람을 따르고 단풍은 가을비에 더욱 붉어짐이라 이것이 다
길지 않은 세상이다. "세상은 다 견고하지 않고 물거품과
연기와도 같음이라(수희공덕품)." 하였다.

또 가로되 과거의 원인의 괴로움은 헛되게 받았을 뿐이
라 이찌할 것이요. 잠시라도 변하지 않고 항상 머무는 묘인
(妙因)을 심을지어다. 미래의 영원히 즐거움은 가지가지라,
마음을 길러서 굳게하여 장난삼아 농담으로도 번개 빛과

같고 아침 이슬과 같은 명리 허영을 탐내지 말라.

"삼계가 편하지 않음이 마치 불타는 집과 같으며(방편품)."라 하심은 여래의 가르치심이라. "이런고로 세상 모두가 헛개비와 같고 변함과 같음이라." 하심은 보살의 말씀이라. 적광국토(寂光國土)가 아니면 어느 곳이나 다 괴로우리라. 본심인 본각(本覺)의 집을 떠나서 무엇이 즐거우리요. 원컨대 "현세에서 편안하고 후생에는 좋은 곳에 나(약초유품)." 묘법을 가지는 것만이 오로지 금생의 명문(名聞)이요, 후생의 인도(引導)가 되느니라. 잠시라도 일심으로 "나무묘법연화경 또는 나무 삿 다르마 뿐다리이카 수트라"를 큰소리로 부르고 타인에게도 권할 뿐이로다. 금생에 즉신성불하여 인간계에 추억이 되리라.

일체의 현상은 참 모습이다

사리불이여 "부처님의 깨달음은 매우 깊고 헤아릴 수 없기 때문에 그대들 성문과 벽지불은 들어서 알 수없느니라."라고 말씀하셨다. 그것은 부처님이 제법의 실상으로서 즉 일체 만물 만상이 그대로 참 모습임을 뚜렷이 아셨다는 소리이다. 그렇다면 그 진실한 참 모습들이 무엇이란 말일까. 이것을 일러서 제법실상(諸法實相)이라 하는데....!

법화경의 십여시(十如是)는 세 번만 읽어도 공덕이 뛰어남을 알아야 한다. 여시상, 여시성, 여시체, 여시력, 여시작, 여시인, 여시연, 여시과, 여시보, 여시본말구경등이라는 열가지다.

1.여시상(相)이란 모습, 형태 2.여시성(性)이란 그것이 본래 가지고 있는 성질 3.여시체(體)란 상과 성의 의지처가 되는 본질 4.여시력(力)이란 잠재적인 능력 5.여시작(作)

이란 작용, 효능 6.여시인(因)이란 형상이 생기고 변하는 직접적인 원인 7.여시연(緣)이란 조연(助緣) 즉 원인을 돕는 간접적인 원인 8.여시과(果)란 인연에 의해 생긴 결과 9.여시보(報)란 그 결과가 구체적으로 나타난 것 10.본말구경등(本末究竟等)이란 맨처음의 여시상(相)을 근본으로 하고 제9의 여시보(報)를 끝으로 하여 그 본에서부터 말까지 철저히 밝히면 끝에 가서는 구경(究竟)하나로 관통되어 절대적으로 평등하다는 것은 각 범주가 한결같이 공성(空性)이어서 평등한 절대임을 말한다.

제1에 시상여(是相如)라고 상성체역(相性體力) 이하의 십(十)을 여(如)라 하는데 여(如)라 함은 공(空)의 뜻인 고로 십법계(十法界)모두 공제(空諦)이니라. 이를 읽고 관(觀)할 때에는 나의 몸은 즉 보신여래이며 팔만사천 또는 반야라고 한다.

제2에 여시상(如是相)이는 나의 몸의 색형(色形)에 나타난 형상이다. 이는 모두 거짓이며 상성체력(相性體力)이하의 십(十)이므로 십법계 모두 가제(假諦)라 해서 거짓이란 뜻이다. 이를 읽고 관(觀)할 때는 나의 몸은 즉 응신여래이며 또는 해탈이라 한다.

제3에 상여시(相如是)라 함은 중도(中道)라 해서 부처님의 법신의 모습이며, 이를 읽고 관(觀)할 때는 나의 몸은 즉 법신여래이며 또는 중도. 법성. 열반. 적멸이라 한다. 이 3

을 법.보.응의 삼신(三身) 또는 공가중(空假中)의 삼체(三諦)라고도, 법신.반야. 해탈의 삼덕(三德)이라 한다.. 이 삼신여래는 결코 다른 곳에 없으며 오직 나의 몸이 즉 삼덕 구경의 체로서 이 삼신즉 일신(一身)의 본각의 부처이니라. 나는 부처다. 이를 아는 것을 여래라고도 깨달음 또는 성인이라 하고, 모름을 범부. 중생. 미혹이라 한다.

불경의 궁자와 성경의 돌아온 탕자

　기독교 성경에 나오는 "돌아온 탕자"의 이야기가 있다.
한번 잘못을 저질렀더라도 반성하고 돌아오면 용서되고 구
원 받을 수 있다고 곧잘 인용되는 대목이다. 그런데 바로
이 돌아온 탕자의 이야기와 너무나도 흡사한 "장자궁자"의
이야기가 불교 법화경 신해품에 고스란히 실려있어 아연하
지 않을수 없다.

　저 유명한 "돌아온 탕자"부터 성경에 기록된 내용을 소개
한다.
　"또 가라사대 어떤 사람이 두 아들이 있는데 그 둘째가
아비에게 말하되 아버지여 재산 중에서 내게 돌아올 분깃
을 주소서 하는지라 아비가 그 살림을 각각 나눠 주었더니,
그후 며칠이 못되어 둘째 아들이 재물을 다 모아가지고 먼
나라에 가 거기서 허랑 방탕하여 그 재산을 허비하더니 다
없이 한 후, 그 나라에 크게 흉년이 들어 저가 비로소 궁핍

한 지라 가서 그 나라 백성 중 하나에게 붙어 사니 그가 들로 보내어 돼지를 치게 하였는데 저가 돼지 먹는 쥐엄 열매로 배를 채우고자 하되 주는 자가 없는지라. 이에 스스로 돌이켜 가로되 내 아버지에게는 양식이 풍족한 품꾼이 얼마나 많은고 나는 여기서 주려 죽는구나.

내가 일어나 아버지에게 가서 이르기를 아버지여 내가 하늘과 죄를 얻었사오니 지금부터는 아버지의 아들이라 일컬음을 감당치 못하겠나이다. 나를 품꾼의 하나로 보소서 하리라 하고 이에 일어나서 아버지께로 돌아가리라. 아직도 상거가 먼데 아버지가 저를 보고 측은히 여겨 달려가 목을 안고 입을 맞추니 아들이 가로되, 아버지여 내가 하늘과 아버지께 죄를 얻었사오니 지금부터는 아버지의 아들이라 일컬음을 감당치 못하겠나이다. 하나 아버지는 종들에게 이르되 제일 좋은 옷을 내어다가 입히고 손에 가락지를 끼우고 발에 신을 신기라, 그리고 살진 송아지를 끌어다 잡으라 우리가 먹고 즐기자,

이 내 아들은 죽었다가 다시 살아 났으며 내가 잃었다가 다시 얻었노라 하니 저희가 즐거워하더라. 맏 아들은 밭에 있다가 돌아와 집에 가까이 왔을 때에 풍류와 춤추는 소리를 듣고 한 종을 불러 이 무슨 일인가 물은대 대답하되, 당신의 동생이 돌아왔으며 당신의 아버지가 그의 건강한 몸을 다시 맞아 들이게 됨을 인하여 살찐 송아지를 잡았나이다. 하니 저가 노하여 들어가고자 하지 아니 하거늘 아버지

가 나와서 권한대 아버지께 대답하여 가로되 내가 여러해 아버지를 섬겨 명을 어김이 없거늘 내게는 염소 새끼라도 주어 나와 내벗으로 즐기게 하신일이 없더니 아버지의 살림을 창기와 함께 먹어버린 이 아들이 돌아오매 이를 위하여 살찐 송아지를 잡으셨나이다.

아버지가 이르되 애 너는 항상 나와 함께 있으니, 내것이 다 네것이로 되, 이 동생은 죽었다 살았으며 내가 잃었다가 얻었기로 우리가 즐거워하고 기뻐하는 것이 마땅하다 하리라. (성경 누가복음 15장11-32)

그럼 이번에는 불경 법화경 신해품에 실려 있는 "장자궁자"의 이야기를 자세히 읽어보자.

"어떤 사람이 어린 시절에 아버지를 버리고 도망하여 나가서 다른 지방으로 다니면서 10년 20년, 내지50년을 살더니, 나이는 늙었고 곤궁하기 막심하여 사방으로 헤매면서 구걸과 품팔이로써 의식(衣食)을 구하다가 우연히 고향으로 향하였다.

그의 아버지는 아들을 잃고 돌아 다니다가 만나지 못하고, 중도에서 어느 도시에 머물러 살더니, 집이 점점 부유하여 재물이 한량없고 금.은.유리.산호.호박.파리.진주들이 창고마다 가득 찼으며 노비.상노.청지기.문객들이 많이 있고 코끼리.말.수레.소.양이 수가 없었으며, 전곡을 빌려주고 받아 들이는 일이 다른 지방에 까지 퍼지어서 장사치와 거간꾼들이 매우 많았다. 그때 빈궁한 아들이 이 마을 저 마을로 두루 다니고 이 지방 저 지방을 지나다가 마침내 아버지가 살고 있는 도시에 이르렀다.

아버지는 매양 아들을 생각하되, 아들을 이별한지가 50년이였으나 한번도 남에게 말을 안하고 마음속에 스스로 한탄하기를 나이는 늙었고, 재산은 많아서 금.은 진보가 창고에 가득한데 자손이 없으니, 어느 때든지 죽기만 하면 재물이 흩어져서 전할 길이 없겠구나! 그래서 아들을 은근히 기다렸고 또 생각하되, 내가 만일 이들을 만나서 재산을 전해 준다면 무한히 쾌락하고 다시는 근심이 없으리라, 하였다.

이때에 궁한 아들은 품을 팔면서 이리 저리 다니 다가 우연히 아버지가 사는 집에 이르러 대문 밖에 머물렀다. 문안으로 바라보니 그 장자가 사자좌에 앉아서 보배로 만든 궤로발을 받들었고, 바라문과 찰제리와 거사들이 공경하여 둘러 모셨으며 값이 천만량이나 되는 진주와 영락으로 몸을 장엄하였고, 시종과 하인들이 흰 불자(拂子)를 들고 좌우에 시위하며, 보배 휘장을 치고 번꽃 기(幡)를 드리웠으며, 향수를 땅에 뿌리고 훌륭한 꽃을 흩었으며, 보물들을 벌여놓고, 내어 주고 받아들이며, 이러한 여러 가지 호화스러운 일들이 있어 위엄이 높고 공덕이 훌륭하였다. 궁한 아들이 그 아버지가 큰 세력을 가진 것을 보고는 곧 두려운 생각을 품고 여기 온 것을 후회하면서 이렇게 생각하였다.

'저이는 아마 왕이거나 혹은 왕족일 터이니 내가 품을 팔고 삯을 받을 곳이 아니다. 다른 가난한 마을로 빨리 가서 마음대로 품을 팔아 의식을 구함이 좋으리라. 만일 여기 오래 있으면 나를 붙들어다가 강제로 일을 시킬지도 모른다.' 빨리 떠나야 겠다하고 그곳을 떠났다.

그때 장자는 사자좌에서 아들인줄을 알아보고 매우 기뻐서 이렇게 생각하였다. '내 창고에 가득한 재산을 이제 전해 줄데가 있구나, 내가 이 아들을 항상 생각하면서도 만날 수도 없더니, 이제 스스로 왔으니 나의 소원이 만족하다. 내가 비록 나이 늙었으나 재산을 아끼는 마음은 변함이 없다.' 하고 곧 사람을 보내어 데려오게 하였다.

그때 그사람은 빨리 따라가서 붙드니, 궁한 아들은 놀라서 원통하다 하면서 크게 울부짖었다. '나는 아무 잘못도 없는데 왜 그러느냐' 그 사람은 더욱 단단히 붙들고 강제로 데려 가려고 하였다. 그때 아들은 생각하기를 죄없이 붙들려 가게 되니 반듯이 죽게 되리라. 하고 더욱 놀라서 땅에 엎드려 기절하고 말았다.

아버지가 멀리서 이 광경을 보고 심부름꾼에게 말하였다. 그 사람은 필요 없으니 억지로 데려오지 말라. 아버지는 아들의 마음이 용렬한 줄을 알았고, 자기의 부귀영화가 아들에게 두려워함을 알았기 때문이다. 자기의 아들임을 아무에게도 말하지 않고, 그 사람을 시켜 말하기를 '이 제 너를 놓아 줄 터이니 마음대로 가라' 하였다. 궁한 아들은 좋아라고 기뻐하면서 일어나서 가난한 마을을 돌아가서 밥 벌이를 하고 있었다. 그때 장자는 그 아들을 유인하여 데리고 오려는 한 방법을 생각하였다. 모양이 보잘 것 없고 초라한 사람 2명을 궁자에게 보내면서 이렇게 일렀다. '너히들은 거기 가서 그 사람에게 넌 지시 말하기를, 저기 품 팔 곳이 있는데 삯은 곱으로 더 준다고 하라.' 그래서 그가 듣고 가자고 하거든 데리고 오며, 무슨 일을 할것이냐고 묻거든, 거름 치고 청소하는 일인데 우리도 함께 일 하노라고 하라." 그때 그 두 사람은 장자가 시키는 데로 하여 궁자를 데리고 와서 청소하고 거름치는 일부터 하게 하였다. 한편 궁자는 아버지의 집 인지도 모르고 열심히 오랜세월 동안 머슴살이를 자처하며 게으름 없이 잘 하였으며, 장자하고도 친해지고 집 안일과 모든 살림까지 주인처럼 맡아서 잘 하였다.

그후, "장자는 죽을 때가 다달아 궁자인 아들을 시켜 친척과 국왕과 대신과 찰제리와 거사들을 모이게 하고 이렇게 선언 하였다.

'여러분 이 아이는 내 아들이요, 내가 낳아서 길렀는데, 어느날 고향에서 나를 버리고 도망하여 타관 객지에서 유리방황이 50년이오, 그때 고향에서 찾지를 못했는데 뜻밖에 이곳에서 만났오, 이 아이는 참으로 내 아들이고 나는 이 애비요, 이제는 나의 모든 재산이 모두 이 애의 소유며, 예전부터 출납하던 것도 이 애가 알아 할것이요."

세존이시여, 이때에 궁한 아들은 아버지의 말을 듣고 크게 환희하여 뜻밖의 일이라 하면서 생각하기를 "나는 본래 이 재산에 대해서는 아무런 희망도 없었는데 이 제 이 엄청난 보배광이 저절로 왔구나."라고 하였다. (불경 법화경 신해품)

연꽃은 나의 스승
(除蓋障菩薩所聞經의 蓮花十德)

1. 이제염오(離諸染汚)

연꽃은 진흙탕에서 자라지만 진흙에 물들지 않는데…과연 나는?

2. 불여악구(不與惡俱)

연꽃잎은 한 방울의 오물도 머무르게 하지 않는데….과연 나는?

3. 계향충만(戒香充滿)

연꽃이 피면 시궁창 냄새는 사라지고 향기가 가득한데…과연 .나는?

4. 본체청정(本體淸淨)

연꽃은 어느 곳이나 푸르고 깨끗한 잎과 줄기를 유지하는데..과연 나는?

5. 면상희이(面相喜怡)

연꽃은 모양이 원만해서 보는 이 즐겁고 온화하게 하는데..과연 나는?

6. 유연불삽(柔軟不澁)

연꽃은 줄기는 유연해서 쉽게 부러지지 않는데....과연 나는?

7. 견자개길(見者皆吉)

연꽃은 누구나 보기만 해도 좋은 일이 생기는데...과연 나는?

8. 개부구족(開敷具足)

연꽃은 꽃이 피면 반듯이 열매를 맺어 결과를 주는데....과연 나는?

9. 성숙청정(成熟淸淨)

연꽃은 만개했을 때에도 더욱 곱고 깨끗한데....과연 나는?

10. 생이유상(生已有想)

연꽃의 삶과 죽음은 인생의 의미를 생각하게 하는데...과연 나는?

처세간여허공(處世間如虛空): 세간에 머물되 허공과 같이 하고 여련화불착수(如蓮花不着水): 연꽃처럼 더러움에 물들지 않으며 심청정초어피(心淸淨超於彼): 마음을 깨끗이 해서 해탈로 향하는 계수례무상존(稽首禮無上尊): 위없는 불세존께 머리 숙이옵니다.

(나무 삿 다르마 뿐다리이카)

나쁜 죽음이 없다

> 諸行無常 是生滅法 生滅滅已 寂滅爲樂
> 제행무상 시생멸법 생멸멸이 적멸위락

모든 것은 변하나니 생멸함이 곧 법이라
이 생멸법이 멸하면 적멸하여 즐거움이라네.

신령한 생명체의 근원은 맑고 고요해 옛도
지금도 다시 없으며 묘한 체성은 뚜렷이
밝아 있으니 어디에 나고 죽음이 있을까.

일체의 영혼이여 죽음에 이른다 하나

돌붙이쳐 일어나는 빛과 어둠도 한마당의
꿈이라네, 삼혼이여 아득해해라 칠백이여
아득하구나 멀리 떠났는가?

사람이 이 세상에 태어 난다는 것은 허공에
구름이 생겨남이요, 죽음이란 한 조각 구름
이 흩어짐이라. 뜬 구름의 자체는 참됨이
없듯이 나고 죽는 인생사가 그러 할진데
나의 한 물건은 홀로 남이 나고 죽음이
없어라.

과거 현재 미래세의 모든 세계 일체의
부처에 대하여 알고자 하는가 마땅히
눈. 귀. 코. 입. 몸. 의식의 법계의 성품을
통찰하라 일체는 이 마음이 지었노라.

삶과 죽음이라

홀연이 생각하니 천만고 영웅호걸 북망산이 무덤이요 부귀문장 쓸데없다 황천객을 면할손가 오호라! 나의 몸이 풀끝에 이슬이요 바람앞에 등불이라. 사람의 시체는 땅속에 묻혀서 얼마동안 썩지 않을까. 1971년 중국 어느 마을 뒤산에서 전한시대 장사국의 승장이던 "이창"의 묘에서 마왕퇴의 유물인 2100년전 시체가 발견 되었는데 그 당시 먹던 음식까지 그대로 있었다고 한다.

이 순간 깊이 생각해 볼일이 죽음의 문제이기도 하다. 인류역사가 시작된 이래 모든 사람은 영원히 살아볼 궁리를 하였다. 분명히 기억해야 할 것은 인간은 죽지 않는 것이 이적(異蹟)이 아니라 진짜 이적은 잘 죽는 것으로, 그동안 어떻게 살아 왔느냐 도 중요 하겠지만 어떻게 하루 하루를 잘 죽어 왔느냐가 참으로 중요하다. 참으로 멋진 죽음을 말이다. 또 앞으로 어떻게 죽음을 맞이 할까. 그리고 죽은 뒤 좋은 곳에 잘 태어나는 것이다. 이렇게 윤회는 계속 이어지고 이어지는 윤회 속에 은덕이 작용을 한다.

심지관경에서는 "윤회를 하면서 부모도 되고 남녀도 되어 세세생생 서로가 은혜가 된다."
밀린다경에서는 "윤회란 잘 익은 망고를 먹고 그씨를 땅에 심었을 때 다시 망고로 성장하여 열매를 맺게 되는 것처럼 끝없이 계속 되는 것을 말한다."

원효스님은 "나지 말아라 죽기가 괴롭다. 죽지 말라 태어나기 괴롭구나."

시왕경에서는 "자손이 효를 다하여 재(齋)지내고 복을 지으므로 망자는 천도되어 고통에서 벗어나게 되니 이는 낳고 길러주신 은혜에 보답하는 길이니라."

지장경에서는 "복을 베풀어 인등을 켜며 경전을 독송하여 불.보살님전에 공양을 올리거나 명호를 들려주면 근본의 식(識)이 남게 되어 망자는 자신이 지은 악업을 뼈져리게 헤아려 악취에 떨어질 과보를 느껴 죄가 소멸된다."

또 지장경에서는 "망자를 위하여 49일간 선을 베풀면 3악도를 벗어나 천상에 태어나고 그 공덕은 후손에게 모두 간다. 여러 후손들이 망자를 위하여 여러 가지 성스러운 불사(佛事)를 하여 지은 공덕과 복은 7가운데 6은 살아있는 후손이 받는 이익이 되며 1은 망 자에게 돌아가는 이익이 되리라."

범망경에서는 "망자를 위하여 21일이나 49일간 경전을 독송하여 재(齋)를 베풀면 다음 생이 순조롭다."

지장경에서는 "임종하는 날 산목숨 죽이지 말고 나쁜 인연 짓지 말고 귀신에게 절하거나 제사하지 말라."

관무량수경에서는 "일념으로 염불하라. 염불소리 마다 나고 죽는 죄업이 사라지고 목숨 마칠 때에 밝은 해가 떠오르듯 찬란한 극락을 보게 되리라."

증일아함경에서는 "염불하는 사람은 죽더라도 험한 세상에 태어나지 않고 천상이나 인간 세상에 태어나리라."

증일아함경에서는 "언제나 기쁜 마음으로 보시하라 기쁘게 베풀어 후회 하지 않으면 산 사람이나 죽은 망자에게 큰 공덕을 이루고 두려움이 없느니라."라고 말씀들 하신 것을 보면 옛날 사람들도 오늘날 우리와 같이 생각없이 마구잡이로 함부로 죽어갔나 보다.

* 염불하던 공덕

(일심으로 소리내어 "관세음보살"하고 염불하라)
1. 사람이 굶어죽는 고난속에 빠져서 죽지 않는다.
2. 죄인이 되어결박 당하거나 형벌로 죽지 않는다.
3. 원결이 서로맺친 사람에게 갚음을 죽지 않는다.
4. 재난과 횡액이나 싸움으로 살육돼 죽지 않는다.
5. 사나운 짐승들의 해를입어 험하게 죽지 않는다.
6. 세균과 기생충과 독충들에 물려서 죽지 않는다.
7. 물과불 지진해일 자연재해 로해서 죽지 않는다.
8. 마약과 술과담배 독성으로 찌들려 죽지 않는다.
9. 몸속에 발암물의 사지골수 처절히 죽지 않는다.
10.정신적 미치거나 삿된종교 빠져서 죽지 않는다.

11. 산과강 비명횡사 상업재해 원인에 죽지 않는다.

12. 사악한 도깨비나 나쁜환경 빠져서 죽지 않는다.

13. 주술과 악한귀신 삿된신에 홀려서 죽지 않는다.

14. 나쁜병 원인모를 각종질환 걸려서 죽지 않는다.

15. 자살과 음독사고 모함으로 인하여 죽지 않는다.

불자들이 일상 생활속에서 염불하는 공덕은 반듯이,

첫째 죽음을 맞이하는 임종할 때 모든 부처님이 영접하여 극락왕생 하게 하고,

둘째 절대로 지옥. 아귀. 축생인 삼악도에 떨어지지 않고,

셋째 결정코 곳곳마다 부처님 나라에 태어나고,

넷째 한량없는 삼매와 변재(辯才)의 신통력을 얻게 되고,

다섯째 모든 소망을 성취하고,

여섯째 오역(五逆)의 무서운 중죄(重罪)가 사라진다. 염불 행자여 조금도 의심하지 말라....!

이것이 불자들의 15종의 험하게 죽지않는 것이며, 6종의 소원 성취다. 세상일이란 내 마음이 생각하는 데로 모두 다 이루워 간다. 그것은 마음 자체가 부처의 지혜이기 때문이다. 그렇다 나의 불성은 부처의 모양으로 참 모습이며, 큰 자비심이며, 평등심이며, 무위(無爲)심이며, 무염착(無染着)심이며, 공관(空觀)심이며, 공경(恭敬)심이며, 비하(卑下)심이며, 무잡란(無雜亂)심이며, 무뇌해(無惱害)심이며,

무견취(無見取)심이며, 무상보리(無上菩提)심이다.

세상의 모든 좋지 못한 일 들은 대비심과 평등심이 결여되어 조작된 염착심과 탐욕으로 가득 체워진 세상을 바로 보는 불지견(佛知見)이 없기 때문이다. 사회에 일어나는 현상들을 부처의 지혜가 사라져 존재들의 가치가 서로 서로의 인연에 의한 덕택임을 모르기 때문이다.

부처님당시 기원정사 부근에 20세 선천적으로 천재적 두뇌와 재주를 가진 자가 살았다. 이 청년은 천성이 오만불손한데 다가, 수많은 재주까지 몽땅 배워 기고 만장 하기로 소문나 있었다.

부처님께서는 이 청년에게 너는 누구냐?

조신(調身)입니다. 음-"궁사은 활을 다루고, 사공은 배를 다루고, 목수는 나무를 다루고, 지자(智者)는 몸을 다룬다. 이를 테면 커다란 돌에 흔들리지 않고, 지혜 있는 자는 마음이 굳고 헐 벗는 일이나 명예에 움직이지 않는다. 깊은 물이 담담하고 맑듯이, 지혜 있는 자가 길을 물으면, 마음이 맑고 기쁨이 넘치는 것이니라."게송을 하시며 32상80호의 몸으로 변신해서 10선(善:십악참회)법을 가르치셨다.

오만 불순하던 그 청년 조신이는 다음과 같이 맹세한다.

1. 나는 상대에게 따지지 않는 보살 수행자가 되겠습니다.

2. 나는 상대에게 비교하지 않는 보살 수행자가 되겠습니다.

3. 나는 상대에게 예의를 지키는 보살 수행자가 되겠습니다.

4. 나는 상대에게 미소를 짓는 보살 수행자가 되겠습니다.

5. 나는 상대에게 후덕한 보살 수행자가 되겠습니다.

6. 나는 상대에게 좋은 말 해주는 보살 수행자가 되겠습니다.

7. 나는 상대에게 덕망있는 사람의 보살 수행자가 되겠습니다.

8. 나는 상대에게 손해를 끼치지 않는 보살 수행자가 되겠습니다.

9. 나는 상대에게 오직 은혜에 보답하는 보살 수행자가 되겠습니다.

10. 나는 상대에게 근심의 번뇌 끊어주는 보살 수행자가 되겠습니다.

업보중생 불자들아, 운명 탓이나 남의 탓은 그냥일랑 접어두고 그저 그저 기도라도 많이 하라. 간절한 기도가 없이는 소원이 이루어지지 못한다. 기도란 자신의 운세 관리하는 비결이라는 사실이다. 옛 사람들의 신앙과 간절한 기도에서 체험했던 영험 담을 수록해 놓은 내용들의 목차다. 우선 간단히 이화문화사에서 펴낸 불교 설화 대전에서 내용을 소개하여 몇자 적어 놓는다. 불교에 기도영험의 이야기는 수억만가지가 넘는다.

1. 기도 영험의 기이편 57편의 신비한 내용
1. 인과 응보의 우지편 21편의 신비한 내용
1. 인과 응보의 효선편 22편의 신비한 내용
1. 인과 응보의 호국편 35편의 신비한 내용
1. 인과 응보의 보은편 11편의 신비한 내용
1. 수행의 공덕편 14편의 신비한 내용
1. 수행 원력의 자재 36편의 신비한 내용
1. 불제자들의 사리 출현의 7편의 신비한 내용
1. 불자들의 포교편 18편의 신비한 내용
1. 불교의 전설편 26편의 신비한 내용
1. 부처님의 가피 34편의 신비한 내용
1. 기도 수행력의 공덕편 115편의 신비한 내용
1. 불의 사경 공덕인 9편의 신비한 내용
1. 염불공덕인 8편의 신비한 내용
1. 불사공덕의 11편의 신비한 내용
1. 선정의 공덕인 13편의 신비한 내용
1. 기도 공덕인 22편의 신비한 내용
1. 불교신앙 공덕인 20편의 신비한 내용
1. 보현 신앙인 6편의 신비한 내용

1. 관음신앙의 영험 106편의 신비한 내용

1. 지장신앙의 영험 34편의 신비한 내용

1. 아미타신앙의 영험 30편의 신비한 내용

1. 미륵신앙의 영험 10편의 신비한 내용

1. 약사신앙의 영험 2편의 신비한 내용

1. 용궁해수관음 신앙 영험인 15편의 신비한 내용

1. 명부 신앙의 영험 10편의 신비한 내용

송월스님

1955년 11월26일 정읍 태인 오봉 産, 松月 法圓=宋월당(창섭).

1982년 입산. 은법 성공화상. 내장사 학명문손.

종립 중앙강원 대교과 졸업.

원광대학교 동양학대학원 수료.

필리핀 국립 이리스트대학교 전임교수.

국립 군산대학교 전담교수.

태고종 총무원 종무위원.

군산불교 사암연합회 회장.

경찰청경승. 교도소교화위원부회장.

저서 : 한글법화경. 사주풀이의법수. 육효학핵심비결.
　　　　사주학핵심비결. 법화경핵심사상.

법화경핵심사상

2014년 11월   5일 인쇄
2014년 11월 15일 발행

지 은 이 송월스님
펴 낸 이 소광호
펴 낸 곳 관음출판사

주　　　소 130-070 서울시 동대문구 용두동 751-14 광성빌딩 3층
전　　　화 02) 921-8434, 929-3470
팩　　　스 02) 929-3470
홈페이지 www.gubook.co.kr
E - mail gubooks@naver.com

등　　　록 1993. 4.8 제1-1504호
ⓒ 관음출판사 1993

정가 15,000원

불교성서

"부처의 생애와 그의 가르침"

THE LIFE AND HIS TEACHING OF BUDDHA GOTAMA SAKYA

- 부처의 생애와 그의 가르침은 곧 진리의 말씀.
- 불교란 「삶의 바른길」의 실천을 통해 불교의 이상인 「열반」을 실현하는 것이 목적

제 1편 : 부처의 생애
제 2편 : 부처의 가르침

불교의 창시자이신 석가모니 부처(sakyamuni Buddh)의 가르침이 어떠한 것이며, 불교교단이 어떻게 형성되어 발전되었는가를 그의 생애의 기록을 통하여 생생히 이해할 수 있다.